El TLCAN II y la Competitividad Regional:
De la Integración Comercial
a la Integración Productiva
Lecciones para América Latina

Dr. René Villarreal

CECIC
Centro de Capital Intelectual y Competitividad

Introducción

El Tratado de Libre Comercio de América del Norte (TLCAN), signado por México, EE.UU. y Canadá, buscaba una integración económica que eliminara los obstáculos arancelarios y no arancelarios, fomentando el intercambio comercial y estableciendo foros y mecanismos para resolver controversias, a fin de incrementar el comercio entre las tres naciones. Durante los primeros años de entrar en vigor, este acuerdo cumplió con su objetivo: generó una mayor actividad comercial en la región. Sin embargo ésta no fue sostenida y a más de una década de vigencia y reducciones arancelarias, el resultado refleja para la Región de América del Norte, pérdida de competitividad y de posicionamiento en el mercado mundial.

En este contexto, la experiencia del TLCAN como un enfoque de integración económica vía el libre comercio deriva importantes lecciones para América en su conjunto. La integración comercial que originó el TLCAN generó un auge en el comercio en la última parte de los noventas, sin embargo del 2000 a la fecha se ha estancando e incluso declinado. Dado lo anterior, el objetivo fundamental de fortalecer la región para mejorar su competitividad y posicionamiento en la economía mundial, presenta resultados negativos: la región en su conjunto y los tres países por separado presentan pérdida de posicionamiento en el comercio mundial.

Los datos confirman la afirmación anterior, la región de América del Norte de generar el 19% del comercio mundial en el año 2000, para el 2008 participa con menos del 13%. Por su parte, EE.UU. pasa del 12.11% al 8.06%, Canadá 4.3 al 2.83% y México 2.6 al 1.81% de participación en el comercio mundial. Por tal motivo, se puede decir que en términos generales la región es perdedora así como cada uno de los países que integran este tratado.

Algunas de las razones que pueden atribuirse a este hecho, es que no se generaron las economías de integración que se suponía desarrollaría el acuerdo. Los dos posibles motivos pueden definirse de la siguiente forma: 1) el libre comercio, no es una estrategia de integración económica efectiva porque carece de una visión de largo plazo y de un enfoque de competitividad sistémica que visualice la región bajo un enfoque de complementación productiva, y 2) la región no logró avanzar en una estrategia de integración en infraestructura, logística e innovación que hoy día son factores fundamentales para sostener y crecer en el posicionamiento del comercio mundial.

Es importante señalar que el acuerdo de Libre Comercio careció de los mecanismos institucionales y de financiamiento para el desarrollo de la región, lo que provocó que la integración no fuera efectiva. El resultado ha sido que no solamente la región ha perdido posicionamiento en el comercio mundial, sino que la tendencia sigue en la misma dirección, de aquí que sea importante analizar por qué se ha dado este fenómeno y qué lecciones se pueden derivar. Sin duda existe la necesidad de replantear el TLCAN, ya que prácticamente ha concluido el proceso de liberalización comercial. Hoy el TLCAN se presenta como un modelo agotado para dar cumplimiento a su principal objetivo: elevar la competitividad y el posicionamiento en el comercio mundial a través de una eficiente integración económica entre los tres países.

En el contexto actual de estancamiento estabilizador, México requiere pasar de una estrategia de crecimiento hacia afuera a una estrategia de crecimiento balanceado apoyándose en los motores externo e interno, hoy, así como en el 2001, se evidencia la necesidad de complementar la estrategia de apertura vía comercio con un TLCAN II que plantee la integración productiva para poder crecer a través de un modelo de crecimiento competitivo con equilibrio interno y externo.

El TLCAN se agotó como estrategia de integración de América del Norte. Como región perdimos liderazgo y posicionamiento y en el país dejó de ser motor de comercio, inversión y crecimiento. Por lo tanto se requiere avanzar hacia una nueva estrategia, un TLCAN II. Se debe pasar de la integración comercial a la integración productiva con competitividad sistémica, cuidando los aspectos de integración en infraestructura, logística, en clusters regionales, en sistemas de financiamiento de la región, con voluntad política y con los mecanismos institucionales para fortalecerla.

Debemos reconocer que el modelo original de apertura comercial vía TLCAN se agotó y en la actualidad resulta ineficiente e ineficaz. Ahora se necesita un cambio de visión con voluntad política y un programa verdadero de integración regional.

Es necesario avanzar de la integración comercial a la integración productiva, a través de una nueva visión que nos permita ir más allá de la apertura y liberalización del comercio y la inversión. La idea es que los países de América del Norte complementen su oferta productiva, lo que les permitirá como región aumentar su frontera de posibilidades de producción.

5

Nuestra propuesta no es revisar el TLCAN -como en algún momento lo planteó el Presidente Obama en su campaña-, sino es evolucionar a un TLCAN II que tenga como objetivo pasar de la integración comercial a la integración productiva en infraestructura, telecomunicaciones, logística, clusters regionales como el automotriz, etcétera.

PARTE I

La Estrategia de Integración de América del Norte: El TLCAN

Capítulo 1
Antecedentes y Objetivos

1.1 La estrategia de integración de América del Norte

La integración de una región basada fundamentalmente en el comercio de bienes y servicios es insuficiente para lograr la competitividad y el crecimiento sostenido. El libre comercio permite el intercambio comercial sin la interferencia de aranceles y barreras no arancelarias entre los países. Promueve el comercio al desarrollar las ventajas comparativas y contribuye al crecimiento vía la inversión extranjera directa.

En el caso de nuestro país el libre comercio ha permitido que los consumidores mexicanos tengan acceso a una mayor calidad y variedad de bienes y servicios a precios accesibles, que las empresas que operan en el territorio nacional puedan importar insumos de calidad a costos competitivos y que se incremente la inversión extranjera directa. Sin embargo, esto no se ha traducido en crecimiento sostenido ni en mayor competitividad.

No hemos podido consolidar una base exportadora sólida que no sólo tenga acceso a las nuevas tecnologías de producción y de organización de la producción sino que también las adapte y transforme, así como genere tecnología propia, para consolidar la competitividad.

Esto es fundamental ya que actualmente el intercambio entre las naciones se lleva a cabo en el marco de la nueva economía, con dos características centrales:

1. Se tiene una clara orientación a los mercados, en donde la información y el conocimiento son bases de la producción, la productividad y la competitividad.

2. La economía es global, ya que la producción, la innovación y el desarrollo de bienes y servicios se pueden organizar a nivel mundial.

El Tratado de Libre Comercio de América del Norte (TLCAN), signado por Canadá, México y Estados Unidos, buscaba una integración económica que eliminara los obstáculos arancelarios y no arancelarios, fomentando el intercambio comercial y estableciendo foros y mecanismos para resolver controversias a fin de incrementar el comercio entre las tres naciones. Desde el punto de vista de México perseguía también incrementar los flujos de inversión extranjera directa a través del establecimiento de disciplinas que proveen garantías importantes para ésta.

Durante los primeros años de su entrada en vigor este acuerdo cumplió con los objetivos de generar mayor actividad comercial en la región y aumentar los flujos de inversión extranjera directa hacia México. No obstante, a quince años de la firma del TLCAN el ritmo al que ha estado creciendo dicha actividad en los últimos años ha venido disminuyendo. El resultado refleja pérdida de competitividad y de posicionamiento en los mercados mundiales de bienes y servicios para América del Norte.

La inversión extranjera directa hacia México también ha mostrado signos de agotamiento, después de crecer en forma importante en los primeros años de vigencia del TLCAN. El modelo de apertura pasiva no ha podido generar crecimiento económico en la región, particularmente en el caso de México.

Por ello tenemos que superar la estrecha visión del libre comercio y repensar la zona del TLCAN con una visión más amplia que nos lleve hacia la integración productiva. Que contemple que los factores productivos de la región se complementen para aumentar las posibilidades de producción y no sólo de consumo.

Esto resulta particularmente importante en el momento actual porque los dos pre-candidatos demócratas a la presidencia de Estados Unidos, los senadores Hillary Clinton y Barack Obama, han expresado públicamente su interés en renegociar el TLCAN para que se atiendan los temas de estándares laborales y medio ambientales.

A pregunta expresa del moderador en un debate sostenido en Cleveland en febrero de 2008[1], la senadora Clinton señaló:

"He dicho que renegociaré el TLCAN, así que obviamente usted tendría que decirle a Canadá y México que eso es exactamente lo que vamos a hacer...Sí, lo digo seriamente...Diré que nos saldremos del TLCAN a menos que lo renegociemos, y renegociaremos en términos que sean favorables a Estados Unidos."

Mientras que el senador Obama afirmó:

"Voy a cerciorarme que renegociemos, de la misma forma en que ha hablado la Senadora Clinton. Y creo realmente que la respuesta de la Senadora sobre este asunto es correcta. Creo que deberíamos usar el martillo de una posible salida como palanca para asegurarnos que realmente logremos estándares laborales y medio ambientales que se cumplan. Y eso no es lo que ha estado pasando hasta ahora."

Para poder llegar a un TLCAN II no sólo el gobierno mexicano sino también los de Estados Unidos y Canadá deben entender que la integración regional no es un juego de *suma cero* en donde uno gana lo que el otro pierde, sino que puede ser, como en el caso de la Unión Europea, un juego de *ganar-ganar* que lleve a hacer más próspera a la región y aumente la fortaleza para competir con otras regiones, como por ejemplo con Asia.

Se trata de complementar las capacidades productivas de cada país para elevar las posibilidades de producción de la región, para hacerla más productiva y competitiva.

---

[1] Transcripción, "El Debate Demócrata en Cleveland", **New York Times**, Febrero 26, 2008

Es por ello que resulta necesario que el TLCAN avance hacia un acuerdo de integración productiva y factorial ordenada, superando la estrecha visión de contemplar el acuerdo como solamente un mecanismo para promover el comercio y, en menor medida, la inversión.

1.2 La Experiencia de la Unión Europea y sus implicaciones para una mayor integración

En muchos aspectos, la Unión Europea (UE) puede ser vista como un «microcosmos» de la globalización. En ninguna otra área del mundo se ha llegado a tanto en materia de liberalización e integración de los mercados en aras de la eficiencia económica - muy por detrás estaría el Tratado de Libre Comercio de América del Norte (TLCAN), el mayor exponente de liberalización en las Américas-. Pero también es en la UE donde más se ha avanzado en la conformación de un marco supranacional de gobernanza democrática y en la creación de políticas comunes, de carácter vinculante, para la regulación de los mercados, la redistribución de la renta y para promover la cohesión. Este experimento histórico de redefinición del Estado y la soberanía, de gestión económica común y de generación de equidad, más allá del Estado nación, contribuye, a su vez, a definir el papel de la UE como «actor global». En las relaciones internacionales, la UE actúa como «potencia civil» que trata de promover ciertos valores en su acción exterior, como los propios de su modelo de integración, que combina liberalización y cohesión social y territorial[2].

---

[2] Sanahuja, José Antonio, "Cohesión social: la experiencia de la UE y las enseñanzas para América Latina",
Quórum nº 18, Verano 2007

- ## Cohesión Social y movilidad de la mano de obra

La política de cohesión de la Unión Europea se funda en el artículo 158 del Tratado Constitutivo de la Comunidad Europea —aprobado en 1986 tras la incorporación de Portugal y España— en el que se dispone lo siguiente:

> "A fin de promover un desarrollo armonioso del conjunto de la Comunidad, esta desarrollará y proseguirá su acción encaminada a reforzar su cohesión económica y social. La Comunidad se propondrá, en particular, reducir las diferencias entre los niveles de desarrollo de las diversas regiones y el retraso de las regiones o islas menos favorecidas, incluidas las zonas rurales".

Es así que respecto al concepto de cohesión vigente en la UE, no debieran existir dudas: el componente redistributivo es clave. La cohesión se promovería a través de políticas "para alcanzar mayor igualdad en las disparidades económicas y sociales entre Estados miembros, regiones, y grupos sociales[3]"

Por ende, la cohesión económica y social se convirtió, junto con la unión económica y monetaria y el mercado único, en uno de los tres pilares de la integración europea. Se trata de una decisión política. La idea misma de la Unión Europea entraña el concepto de solidaridad, esto es, un interés común en el bienestar de todos los países, regiones y, en definitiva, de todos los individuos que pertenecen a la Unión.

En un principio, de acuerdo con lo dispuesto en el Tratado de la Comunidad Económica Europea, esto debía lograrse mediante las fuerzas de mercado en una economía cada vez más integrada, que llevaría a la convergencia gradual de los niveles de ingreso per cápita. Con el tiempo, se hizo necesario ampliar este enfoque basado en el mercado mediante la aplicación de políticas concretas dirigidas a las regiones que se encontraban en problemas. Pese a que ello se justificaba en función

---

[3] Comisión Europea, 1996: 14.

de la eficiencia, estas transferencias tenían un elemento redistributivo cada vez más manifiesto, estimulado por la creciente desigualdad entre los países miembros de la UE como resultado de sus ampliaciones sucesivas.

La profundización de la integración económica, por medio del mercado interno y la unión económica y monetaria, justificó un mayor desarrollo de las políticas de cohesión, pero no fue el único elemento a su favor. En el ámbito de la Comunidad, la política regional estuvo también respaldada por consideraciones económicas implícitas. Cabe notar que el proyecto de mercado único supone una mayor integración económica entre los Estados miembros y, en consecuencia, el aumento del comercio. De acuerdo con teorías económicas contrapuestas, una mayor integración debería traducirse, en términos generales, en la reducción de las desigualdades entre las economías involucradas, pero esta convergencia dista mucho de estar asegurada y, en caso de producirse, podría tardar más de lo social o políticamente aceptable. Pese a que el comercio beneficia a todos los participantes, en todos los países hay personas que resultan perjudicadas. Estas tienden a concentrarse en el plano regional, del mismo modo que determinadas actividades económicas[4].

La política de cohesión no es una política redistributiva y no tiene por objeto respaldar el consumo. Por el contrario, está dirigida a los factores de competitividad y comprende una estrategia a mediano plazo para cada región o país, dotada de un marco financiero estable de siete años, es decir que no depende de la aprobación de presupuestos anuales. La UE promueve la diversidad de sus pueblos, idiomas y culturas nacionales o regionales, por lo que resulta imposible pretender que la mano de obra se desplace tan libremente como puede hacerlo desde el punto de vista legal.

---

[4] CAL, Vasco, "Integración económica y cohesión social: lecciones aprendidas y perspectivas", CEPAL – Documentos de proyectos

La política de cohesión tiene un valor agregado en múltiples aspectos. En primer lugar, representa un aporte a una mejor gobernabilidad y una mayor visibilidad de la labor de la UE. El uso de los Fondos Estructurales proporciona un valor agregado cualitativo fácilmente discernible. Comprende una programación multianual y su evaluación, la cooperación a escala local y regional —en especial con los socios en los ámbitos económico y social— y la intensificación de la movilidad del capital privado y del intercambio de buenas prácticas. Asimismo, los beneficios que asegura la política de cohesión no derivan únicamente de la asistencia financiera que se proporciona a las regiones más débiles sino también del proceso utilizado para administrar las transferencias y de la naturaleza de los programas en ejecución. Del mismo modo, por una serie de razones, generalmente se considera que el sistema de aplicación de los fondos contribuye de manera importante a mejorar las políticas y estructuras administrativas en toda la Unión.

El método de programación multianual exige una rigurosa planificación estratégica a mediano plazo de parte de los principales países y regiones beneficiarios, que influya en su desarrollo futuro. En condiciones de inestabilidad económica, los planes de desarrollo reducen la incertidumbre y brindan mayor estabilidad en materia de disponibilidad de recursos financieros que los presupuestos anuales de los Estados miembros. Este aspecto es pertinente sobre todo cuando se trata de grandes inversiones en infraestructura, que requieren de un período relativamente prolongado para completarse, y de políticas de desarrollo y conversión en general.

Asimismo, la política de cohesión se traduce en el fortalecimiento de la integración europea. Las economías de Europa están cada vez más integradas gracias al intercambio y a las corrientes de inversión directa. Las políticas comunitarias han contribuido en gran medida al logro del mercado interno y a la introducción de la moneda única. La política de cohesión ha estimulado las corrientes comerciales e influido también en la elección de la sede de las actividades económicas, contribuyendo así a reducir las diferencias en el grado de desarrollo de las economías. El intercambio entre los países objeto de la política cohesión y el resto de la Unión se ha duplicado con creces en la última década. Parte de este crecimiento es un reflejo de los beneficios que han obtenido otros países del apoyo estructural otorgado a las regiones menos favorecidas. Las estimaciones sugieren que alrededor de la cuarta parte del gasto se recupera en forma de importaciones, en especial de maquinaria y otros equipos, gracias al aumento de la inversión y al crecimiento registrado. Este efecto de "filtración" ha sido particularmente importante en Grecia y Portugal.

• Apoyo a la Infraestructura

La Unión cumple una función irremplazable en el apoyo a las inversiones públicas para el desarrollo económico. Mientras que los presupuestos públicos fluctúan entre el 30% y el 60% del PIB según el país, solo un 2% de los recursos disponibles se destina a inversión en capital físico y humano. Sin embargo, la influencia del apoyo europeo es mucho mayor cuando no sustituye el esfuerzo financiero de los Estados y regiones miembros ni se limita a sumarse a los créditos asignados a actividades que de todas formas se habrían llevado a cabo.

Más del 40% del apoyo otorgado se destinó al financiamiento de infraestructura básica. Entre 1994 y el 2001, más de 40.000 millones de euros de las asignaciones de los Fondos Estructurales se invirtieron en infraestructura de transporte en las regiones del Objetivo I y casi 14.000 millones de euros en las redes transeuropeas. Este tipo de infraestructura influye en la localización de las actividades económicas, ya que realza el atractivo que ofrecen las regiones involucradas. Asimismo, estimulan la actividad económica porque reducen los costos del transporte y, a largo plazo, traen aparejado un aumento de la productividad.

Un efecto intangible de los Fondos Estructurales, difícil de medir pero de todas formas fundamental, es que contribuyen a que la Unión resulte más visible para la ciudadanía, las empresas y las autoridades locales. Entre los beneficios que se señalan con frecuencia, cabe mencionar el mayor apoyo a la integración europea. Los ciudadanos que perciben que su calidad de vida ha mejorado —por ejemplo, porque el transporte público es más eficiente o porque ha habido avances en el medio ambiente natural— se forman una impresión más precisa acerca de la labor de la Comunidad[5].

Las políticas estructurales también han tenido efectos en los principales factores que determinan la competitividad de los países que integran la Unión Europea. Se han logrado avances considerables en la esfera de la infraestructura básica, así como en otros sectores en que los desequilibrios territoriales son particularmente pronunciados, como la investigación y desarrollo, el acceso a la sociedad de la información y las posibilidades de capacitación y educación permanente.

- **Apoyo a programas sociales y de empleo**

Desde finales de los 90, y en parte como respuesta a las presiones competitivas de la globalización, se ha hecho más marcada la orientación de la política de cohesión al apoyo de las políticas activas de creación de empleo, y a la mejora de la productividad y de la competitividad. Ese vínculo entre empleo, política social y cohesión económica y social se ha explicitado en la Estrategia Europea de Empleo (EEE) de 1997; en la denominada «Estrategia de Lisboa» de 2000 y en la «Estrategia de Lisboa revisada» de 2005, que pretenden hacer de la UE *la economía basada en el conocimiento más dinámica y competitiva del mundo, capaz de alcanzar un crecimiento económico sostenido con más y mejores empleos, y mayor cohesión social*". De igual manera se ha planteado la «Agenda de Política Social» de la Comisión Europea, que establece que esa meta ha de alcanzarse a través de una combinación de políticas (*policy mix*) adecuada, que genere un «círculo virtuoso» de crecimiento, empleo y cohesión social, y permita modernizar el «modelo social europeo».

---

[5] *Idem*

Esa orientación también responde a la preferencia de la UE por agendas de política de carácter intersectorial, que eviten un enfoque excesivamente compartimentalizado y sectorializado de las políticas, que debilitaría su coherencia y su eficacia. Este enfoque intersectorial ha sido promovido, en particular, por el libro blanco de la gobernanza europea (Comisión Europea, 2001).

Dado que muchas de estas áreas de política afectan a competencias nacionales, más que a las competencias comunitarias, se ha optado por acuerdos de tipo intergubernamental, con un mayor peso del Consejo y, desde finales de los noventa, por el denominado «Método Abierto de Coordinación». En este método, las políticas nacionales responden a objetivos comunes, algunos de ellos cuantificables, y son los mismos Estados miembros los que entre sí evalúan su desempeño, y es la Comisión la que da seguimiento a la evolución comparada (*benchmarking*) de los Estados miembros.

Así, la política de cohesión promueve la convergencia. Financiada con arreglo a los Fondos Estructurales y con una asignación total de 213.000 millones de euros en el período 2000 2006, esta política se ha convertido en el segundo gasto en orden de magnitud después de la política agrícola común y equivale a un 33% del gasto total (en comparación con un 47% correspondiente a la política agrícola). Las normas de cohesión se aplican principalmente en forma descentralizada, mediante programas regionales de desarrollo. En virtud del objetivo de convergencia, más de dos tercios de los fondos estructurales disponibles se asignan a las regiones menos desarrolladas y que enfrentan mayores dificultades en materia de ingresos, empleo, sistema productivo e infraestructura. El último tercio se destina a la reestructuración económica y social de otras regiones que sufren problemas estructurales, de acuerdo con el objetivo regional de competitividad y empleo. Se trata de zonas en que se están produciendo transformaciones económicas en la industria o los servicios, zonas rurales en declive, zonas que dependen de la industria pesquera y se ven afectadas por situaciones de crisis o zonas urbanas en dificultades. Todos estos casos se caracterizan por problemas estructurales vinculados con la reestructuración económica, tasas de desempleo elevadas o emigración.

La vinculación de la política de Cohesión a la Estrategia de Lisboa se ha explicitado en las directrices estratégicas comunitarias 2007-2013 Política de Cohesión en apoyo del crecimiento y el empleo, aprobadas por el Consejo en octubre de 2006. Se definen tres grandes prioridades: hacer de la UE, y de sus Estados miembros, regiones y ciudades más atractivos para invertir y trabajar (dimensión territorial); promover la innovación, la iniciativa empresarial y el crecimiento de la economía del conocimiento, mediante la inversión en I+D y el uso de las tecnologías de la información y la comunicación (dimensión del conocimiento), y generar más y mejores empleos, mediante la inversión en capital humano y la adaptabilidad de los trabajadores (dimensión de empleo). También se pretende mejorar las sinergias con la política de I+D, de medio ambiente; con la mejora de la competitividad; la igualdad entre mujeres y hombres y la lucha contra la discriminación.

PARTE II

¿Qué pasó? Resultados y Consecuencias del TLCAN

Capítulo 2
Perspectiva regional de los resultados del TLCAN

2.1 La penetración China en el mercado de América del Norte

La pérdida de competitividad de la región TLCAN ante China

El Tratado de Libre Comercio de América del Norte (TLCAN), signado por México, EE.UU. y Canadá, buscaba una integración económica que eliminara los obstáculos arancelarios y no arancelarios, fomentando el intercambio comercial y estableciendo foros y mecanismos para resolver controversias, a fin de incrementar el comercio entre las tres naciones. Durante los primeros años de entrar en vigor, este acuerdo cumplió con su objetivo: generó una mayor actividad comercial en la región. Sin embargo ésta no fue sostenida y a trece años de vigencia y reducciones arancelarias, el resultado refleja para la Región de América del Norte, pérdida de competitividad y de posicionamiento en el mercado mundial.

México requiere olvidar el falso dilema de crecimiento hacia fuera vs. crecimiento hacia adentro y pasar a una estrategia de crecimiento balanceado apoyándose en los motores externo e interno, hoy, así como en el 2001, se evidencia la necesidad de complementar la estrategia de apertura vía comercio con un TLCAN II que plantee la integración productiva para poder crecer a través de un modelo de crecimiento competitivo con equilibrio interno y externo. Así, para poder llegar a un TLCAN II no sólo el gobierno mexicano sino el de Estados Unidos deben entender que la integración regional no es un juego "suma cero" donde uno gana lo que otro pierde sino que puede ser –como es el caso de la Unión Europea- un juego de "ganar-ganar" donde se enriquece la región y aumenta su fortaleza para competir con otras regiones, como por ejemplo con Asia. Es por ello que resulta necesario que el TLCAN avance a un acuerdo de integración productiva y factorial ordenada.

La plena participación de China en el intercambio mundial de mercancías ha generado cambios significativos no sólo en el ámbito interno de ese país sino también en las relaciones económicas internacionales, debido a la magnitud y el potencial de crecimiento de esa economía. Para México, la incorporación de China a la economía global ha significado la aparición de un competidor formidable en sectores claves para el sector exportador y para el mercado interno.

El estancamiento económico y exportador de México en los últimos años, ante la velocidad de crecimiento económico, industrial y exportador de China, está rezagando el posicionamiento de México dentro del mercado de Estados Unidos. Las consecuencias de este fenómeno pueden ser mucho más graves para nuestro país de lo que se percibe en la actualidad ya que el dinamismo en el crecimiento del país asiático va en asenso.

Aproximadamente el noventa por ciento de las exportaciones mexicanas y chinas a los Estados Unidos se concentra en 24 capítulos del Sistema Armonizado. En particular, la competencia entre los dos países se localiza en 15 capítulos, que comprenden prendas de vestir, muebles, máquinas, aparatos y material eléctrico, y fundición de fierro y acero. Además de los rubros anteriores, la competencia entre China y México se concentra en capítulos como diversas manufacturas de metales, productos de piedra, yeso y cemento, equipo de cómputo, manufacturas de fierro y acero, herramientas y artículos de cuchillería, refrigeradores, equipo de cómputo, instrumentos y aparatos de óptica, madera y sus manufacturas y papel y cartón.

El traslape entre las exportaciones de China (al mercado norteamericano) y las de México se duplicó entre 1990 y 2000 al pasar de 26 por ciento a 50 por ciento. Esta tendencia es creciente y se estima que dicho porcentaje se ubicó en más del 60 desde 2007.

EXPORTACIONES TOTALES DE CHINA, CANADÁ Y MÉXICO AL MERCADO ESTADOUNIDENSE
2000-2007
(Millones de Dólares y Porcentajes)

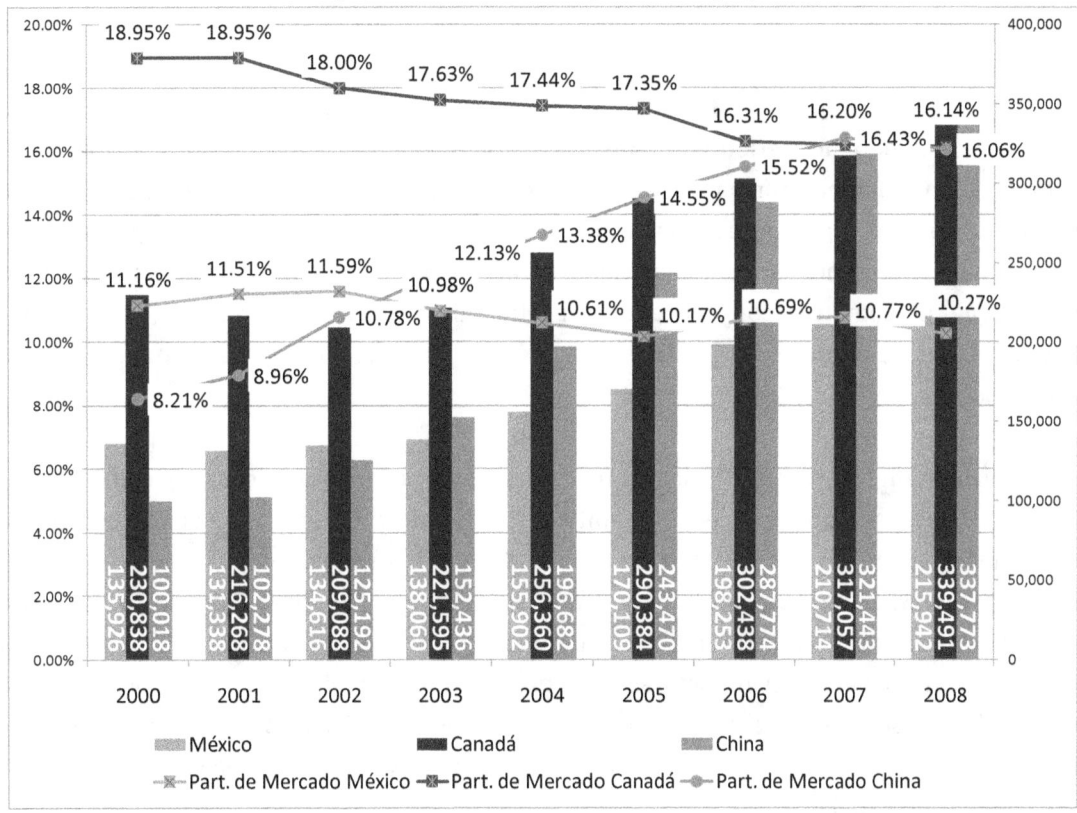

Fuente: Elaborado por CECIC con datos del Buró de Censos de los Estados Unidos.
Gráfica 2.1

En la gráfica se presenta la evolución que a partir de 2000 han tenido las participaciones relativas de China, Canadá y México en el mercado estadounidense. Como se puede observar, en el dato correspondiente a 2007, China superó a Canadá como proveedor en ese mercado al registrar una participación de 16.43 por ciento del mercado total, por encima del 16.20 por ciento de Canadá, sin embargo en 2008 Canadá recuperó –aunque por una diferencia mínima- su lugar como principal socio comercial de los Estados Unidos. México, prácticamente ha estancado su participación en el mercado estadounidense en los últimos años y en 2008 disminuyó hasta 10.27%.

Es clara la tendencia ascendente de la línea roja correspondiente a China mientras que la de Canadá ha disminuido ligeramente aunque de manera sostenida y la de México permanece prácticamente sin cambio, debido a que el crecimiento de las exportaciones es menos vigoroso que antes.

Es así que China compite con Canadá para convertirse en el mayor exportador a Estados Unidos, coronando un periodo de seis años en el que sus exportaciones al mercado estadounidense aumentaron a más del triple. Encabezadas por artículos como televisores de pantalla plana, computadoras, electrodomésticos, juguetes y ropa, las importaciones estadounidenses de productos chinos subieron a 337 mil 773 millones de dólares en 2008. Es así que el comercio con China está acelerándose más de lo que lo hicieron las importaciones de productos mexicanos después de la entrada en vigor del Tratado de Libre Comercio de América del Norte en 1994.

Aproximadamente el noventa por ciento de las exportaciones mexicanas y chinas a los Estados Unidos se concentra en 24 capítulos del Sistema Armonizado. En particular, la competencia entre los dos países se localiza en 15 capítulos, que comprenden prendas de vestir, muebles, máquinas, aparatos y material eléctrico, y fundición de fierro y acero. Además de los rubros anteriores, la competencia entre China y México se concentra en capítulos como diversas manufacturas de metales, productos de piedra, yeso y cemento, equipo de cómputo, manufacturas de fierro y acero, herramientas y artículos de cuchillería, refrigeradores, equipo de cómputo, instrumentos y aparatos de óptica, madera y sus manufacturas y papel y cartón.

PRINCIPALES EXPORTACIONES DE MÉXICO Y CHINA AL MERCADO ESTADOUNIDENSE

MÉXICO

Lugar		2000	2001	2002	2003	2004	2005	2006	2007	2008
1	85- Maquinaria eléctrica	35,773	33,410	32,661	32,893	37,412	39,830	47,333	54,869	53,521
2	27- Petróleo crudo	12,803	10,148	12,230	15,485	19,786	25,719	33,501	34,030	41,947
3	87- Vehículos Automotores y sus partes	26,027	26,277	26,355	25,392	26,149	26,812	33,253	33,936	32,178
4	84- Maquinaria y reactores nuecleares	17,043	18,217	17,732	17,383	20,033	21,418	23,443	24,846	24,801
5	90- Instrumentos quirúrgicos, óptica y fotografía	4,440	4,695	5,345	5,982	6,041	6,359	6,790	7,564	7,542
6	71-Perlas, piedras y metales preciosos	508	489	635	706	1,055	1,462	2,528	2,445	3,094
7	94- Muebles	3,821	3,914	4,544	5,058	5,147	5,263	5,486	5,670	5,042
8	07- Verduras, raíces y tubérculos	1,584	1,790	1,799	2,119	2,400	2,568	2,804	3,069	3,265
9	39- Artículos de plástico	1,185	1,240	1,332	1,464	1,955	2,427	2,655	2,723	2,799
10	08- Frutas, cítricos y nueces	1,278	1,395	1,622	1,739	1,821	2,082	2,469	2,552	2,480
	Total 10 principales productos	104,463	101,575	104,254	108,222	121,800	133,941	160,261	171,704	176,669
	Resto	31,464	29,762	30,362	29,838	34,102	36,168	37,993	39,010	39,273
	Exportaciones Totales de Mercancías	135,926	131,338	134,616	138,060	155,902	170,109	198,253	210,714	215,942

CHINA

Lugar		2000	2001	2002	2003	2004	2005	2006	2007	2008
1	85- Maquinaria eléctrica	19,531	19,727	24,412	28,786	40,199	53,082	64,894	76,719	80,346
2	84- Maquinaria y reactores nuecleares	13,404	13,721	20,216	29,928	43,837	52,733	62,273	64,026	65,150
3	95-Juguetes	12,383	12,215	14,442	16,115	17,224	19,143	20,897	26,127	27,181
4	94- Muebles	7,202	7,492	9,924	11,822	14,420	17,052	19,360	20,362	19,406
5	64- Calzado	9,186	9,757	10,227	10,564	11,348	12,725	13,888	14,135	14,480
6	62- Prendas de vestir de tejido plano	4,167	4,153	4,478	5,491	6,619	10,235	11,857	13,404	13,316
7	73- Productos de Hierro y Acero	1,882	2,108	2,535	3,200	4,613	6,196	8,365	9,765	12,039
8	61- Prendas de vestir de tejido de punto	2,034	2,278	2,619	3,199	4,104	6,575	8,012	10,561	10,684
9	39- Artículos de plástico	2,914	3,237	3,766	4,281	5,195	6,635	7,467	8,249	8,942
10	42- Artículos de piel	3,835	3,910	4,472	5,050	5,710	6,258	6,837	7,231	7,386
	Total 10 principales productos	76,538	78,598	97,092	118,437	153,268	190,635	223,850	250,579	258,930
	Resto	23,480	23,680	28,101	34,000	43,414	52,835	63,925	70,864	78,843
	Exportaciones Totales de Mercancías	100,018	102,278	125,192	152,436	196,682	243,470	287,774	321,443	337,773

Fuente: Elaborado por CECIC con datos del Buró de Censos de los Estados Unidos.

Cuadro 2.2

Por otra parte, el ascenso de China podría generar reacciones en el Congreso de los Estados Unidos, en donde los legisladores han acusado a China de infravalorar su moneda, de fabricar productos inseguros y de dar a sus industrias subsidios que les permiten desplazar a los productores estadounidenses.

Por su parte, México no tomó en cuenta el fenómeno de la hipercompetencia y la velocidad con que se mueven los otros competidores en el mercado. El tratado de libre comercio con EE.UU. y Canadá no fue un acuerdo de exclusividad, la entrada de China a la Organización Mundial de Comercio (OMC) y su estrategia activa de crecimiento competitivo y de industrialización, desplazó a nuestro país del segundo lugar en el mercado estadounidense, evidenciado que México no transformó sus ventajas comparativas reveladas en ventajas competitivas sustentables, pues careció de una estrategia de inserción activa a la globalización vía la competitividad sistémica.

China nos desplazó porque cuenta con una estrategia de competitividad basada en polos regionales—clusters, en un marco de crecimiento macroeconómico altamente competitivo y un ambiente de negocios adecuado. Paradójicamente China, un país comunista cuenta con un ambiente de negocios para las empresas capitalistas mucho más favorable, rentable y seguro que el existente en los países de América Latina.

México perdió su posicionamiento porque basó su ventaja competitiva en factores temporales y no sustentables, lo cual se manifestó ante la entrada de China como nuevo jugador internacional. La fuente de ventaja competitiva sustentable para México ya no puede ser la manufactura de ensamble, la mano de obra barata, las importaciones subsidiadas por un tipo de cambio apreciado –que fomenta la desarticulación productiva-, ni el tener un Acuerdo de Libre Comercio con Estados Unidos. Ahora requerimos un modelo exportador basado en la competitividad sistémica y en nuevas fuentes de ventaja competitiva sustentable fundadas en la mano de obra productiva y en la manufactura de alto valor agregado, esto es la innovación.

El Libre Comercio no es una estrategia de desarrollo esto es, no es una estrategia que promueva un crecimiento competitivo y sostenido y que permita transformar las ventajas competitivas reveladas en ventajas competitivas sustentables promoviendo un proceso de exportación e industrialización sustentable y adicionalmente con escalamiento en la cadena global de valor.

Se requiere en paralelo una estrategia de desarrollo que hoy en las nuevas economías abiertas a la globalización es una estrategia de competitividad sistémica y una política de competitividad industrial y de los sectores productivos de empresas. Esto es, toda una estrategia y política de competitividad que eleve las capacidades competitivas pero en el marco de un crecimiento económico que pueda ser sostenido; que promueva la acumulación de capital, el ahorro y la innovación como fuentes fundamentales del crecimiento y en una economía abierta al mundo global. Esto solo puede alcanzarse si la economía es competitiva, esta es la gran diferencia con el viejo modelo de industrialización sustitutivo de importaciones, antes se podía crecer sin ser competitivo (vía el proteccionismo), hoy en las economías abiertas a la globalización no se puede crecer, esto es, incrementar la producción e inversión y menos sustentar a mediano y largo plazo un patrón de crecimiento si no hay competitividad sistémica empresas-cluster-gobierno-país.

En declaraciones a La Jornada José Luis Machinea, secretario ejecutivo de la Comisión Económica para América Latina y el Caribe (Cepal), *"una macroeconomía ordenada es muy importante para el país, pero no alcanza para generar desarrollo"*[6]. Además, declaró que en los últimos años el país ha mostrado "debilidad" para poner en práctica políticas de desarrollo productivo y, en esa ausencia de acción, encuentra una de las causas de los problemas que enfrenta el país. México ha sido poco exitoso para diversificar sus exportaciones, aun teniendo el mayor número de tratados de libre comercio que haya firmado cualquier nación en el mundo.

Los resultados para México, producto de su pertenencia al TLCAN, no son nada alentadores. El modelo exportador tuvo una baja capacidad de arrastre para el resto de la economía nacional, las exportaciones tuvieron un periodo de crecimiento importante pero actualmente están creciendo a tasas menores a las registradas en la década de los noventa. Además, a pesar de pertenecer al TLCAN, México ha ido perdiendo competitividad mundial. En el mercado estadounidense China nos desplazó debido a la ineficacia de nuestra estrategia de apertura y de impulso a la exportación de manufacturas de ensamble con la maquila. El modelo de exportaciones de ensamble ya se agotó. El crecimiento de las exportaciones manufactureras no maquiladoras se ha estancado.

Ignacio Martínez, investigador de la UNAM, declaró que de los 272 mil millones de dólares que se exportaron en 2007 se requirió adquirir del exterior 239 mil millones de dólares en bienes de capital y de uso intermedio, que son indispensables para el sector exportador. *"Lo que demuestra que el gobierno, a 20 años de haber iniciado la apertura comercial, no invirtió en desarrollo tecnológico que apuntalara a la industria nacional"*[7].

---

[6] Roberto Gonzalez Amador "La macroeconomía ordenada no alcanza para el desarrollo: CEPAL", La Jornada, Jueves 23 de agosto de 2007.

7 Ver Claroscuros del TLCAN en México, Ivette Saldaña / Isabel Becerril,Viernes, El Financiero, 8 de febrero de 2008.

En las exportaciones de manufacturas se observó un fuerte crecimiento en la década de los noventa pero a partir del año 2000, éstas detuvieron su marcha debido principalmente a la desaceleración en la economía de Estados Unidos. Es importante destacar que del total de exportaciones manufactureras en el año 2006, solamente el 55% provino de la manufactura no maquiladora que es la que realmente está asociada al TLCAN ya que las exportaciones de maquila están más asociadas a un régimen especial de entrada y salida de mercancías sin pago de aranceles.

Las exportaciones netas del sector maquilador ascendieron a 24.3 mil millones de dólares en el 2006, lo que representó solamente el 12% del total de las exportaciones manufactureras, además la tasa de crecimiento de las exportaciones netas del sector maquilador también se redujo. En la década de los 90, las exportaciones netas de maquila crecieron a un promedio de 14.2% anual mientras que en el sexenio pasado crecieron solamente a un promedio de 3.9% anual. La industria de exportación no maquiladora se estancó durante el sexenio anterior, con una tasa media de crecimiento de solamente 6.1% anual, mientras que en la década de los 90 esta tasa fue de 15.2% anual.

En términos nominales, la Inversión Extranjera Directa (IED) tuvo un periodo de auge, al pasar de 10 mil 600 millones de dólares (mdd) en 1994 a 29 mil cuatrocientos mdd en el 2001, pero a partir de entonces ha estado disminuyendo tanto en términos absolutos como relativos.

En el 2006 la IED recibida en México fue de 19 mil doscientos mdd. En términos relativos, la IED ha ido reduciéndose al pasar del 2.7% como porcentaje del PIB en 1994 a 2.3% del PIB en el 2006. Si consideramos que la Inversión Fija Bruta Total en el 2006 representó el 21.8% del PIB, la IED constituye solamente el 10.6 por ciento de la inversión total. Esto significa que no puede ser un motor del crecimiento económico y, además, ha venido declinando.

La apertura ineficiente además generó un proceso de desindustrialización, la industria ha dejado de ser el motor de crecimiento de la economía. La participación de las manufacturas en el PIB ha venido descendiendo desde el año 2000 al pasar de un 19.8% a 17.7% en el primer semestre de 2007.

La actividad industrial prácticamente se ha detenido al promediar en el primer semestre del 2007 un crecimiento anual de solamente 0.7%, mientras que en el mismo periodo del año pasado había mostrado un crecimiento de 5.5%

El modelo de apertura vía TLCAN se agotó por ineficaz e ineficiente. La apertura es necesaria, pero no suficiente. El modelo de apertura pasiva no se acompaño de una estrategia de competitividad. El modelo de integración fue de apertura y liberalización comercial sin estrategia de integración productiva y se creyó que el libre comercio sería un sustituto de la movilidad de factores.

La estrategia de apertura pasiva al exterior vía sólo el TLCAN confundió el boleto de entrada al juego de la hipercompetencia global con la estrategia de juego; inclusive se llegó a afirmar que: "la mejor política industrial es la que no existe". México ha carecido de una política de Competitividad Sistémica y los resultados son evidentes. No se contó con instituciones fuertes que sirvieran de soporte al TLCAN y esto, aunado a la falta de un verdadero financiamiento al desarrollo de la región que permitiera el fortalecimiento de la infraestructura y la logística, impidieron que el TLCAN incidiera mayormente en el fortalecimiento de México.

De manera paralela a este modelo de apertura pasiva se implementó un modelo macroestabilizador que se convirtió en una trampa al crecimiento. Como resultado de esta estrategia México entró en una fase de estancamiento estabilizador que si bien mantuvo la inflación en niveles bajos, de alrededor de 4%, al mismo tiempo se convirtió en un freno de mano para la economía impidiendo que esta pudiera crecer a su potencial con pleno empleo.

El Modelo de Apertura Macroestabilizador no permitió desarrollar un entorno favorable a los negocios debido a que no se pudo generar un crecimiento competitivo sostenido. Esto obedece a que la política macroeconómica ha sido unidimensional, se ha concentrado en la inflación dejando fuera otras dimensiones que conforman la política económica de crecimiento como el desarrollo y fortalecimiento del mercado interno además del balance interno, a través de la estabilidad de precios, y el externo, con el equilibro en balanza de pagos. Además, se confundió la autonomía del Banco Central con la independencia de la política económica. Que el Banco de México sea autónomo no significa que la política macroeconómica tenga que subordinarse a su único objetivo: la inflación.

Las ineficiencias generadas por el Modelo de Apertura Macroestabilizadora dieron como resultado un periodo de Estancamiento Estabilizador en el que se generó una amplia brecha entre el producto real y el producto potencial.

La política económica implementada permitió reducir la inflación pero al mismo tiempo se convirtió en un freno de mano del crecimiento, a diferencia de lo acontecido en China, que en la última década pudo sostener tasas de crecimiento cercanas al 10% del PIB con tasas de inflación anuales menores al 3%. Se observa entonces que es posible crecer con bajas tasas de inflación, pero se requiere de una estrategia integral adecuada en el país.

China implementó una estrategia de competitividad muy diferente a la de México. A continuación se presenta un cuadro con las características principales de cada una de las estrategias adoptadas en los dos países.

Como se ha observado a lo largo del capitulo La fragilidad estructural del dinamismo exportador de la economía mexicana está sujeta invariablemente a los vaivenes de la economía estadounidense y, ante todo, a los avatares de una ventaja comparativa estática y de corto plazo como es el caso de descansar en mano de obra barata. Aun cuando a partir de los noventa la maquiladora se consolida como el centro del modelo exportador mexicano, en razón del crecimiento observado en términos de ocupación y producción, experimenta un cierto retraimiento desde finales de 2000 debido al descenso de la demanda estadounidense y la competencia de países con salarios más bajos que México, como China, que propiciaron la reubicación de las maquiladoras y el crecimiento relativo de los salarios en las maquiladores instaladas en México.

La Inversión Extranjera Directa

La Inversión Extranjera Directa (IED) se redujo de manera sensible en lo que va de este año, ya que el monto total reportada en el periodo comprendido entre enero y septiembre de 2009 asciende a 9,750.0 millones de dólares (md), cantidad 37.3% menor a la reportada en igual periodo de 2008 (15,560.1 md).

INVERSIÓN EXTRANJERA DIRECTA TOTAL 2000-2009*

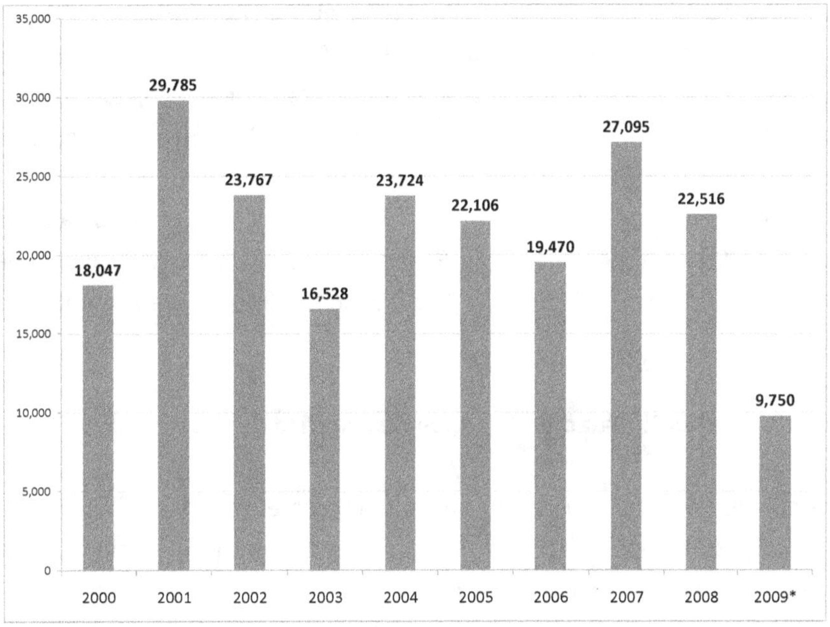

Fuente: Elaborado por CECIC con datos de la Secretaría de Economía.
Dirección General de Inversión Extranjera.
*Hasta septiembre.
Gráfica 2.3

Lo anterior se debe a que México, está resintiendo la crisis económica de Estados Unidos, por la dependencia de la economía mexicana respecto de su vecino del norte. La recesión económica de Estados Unidos desaceleró la actividad de las plataformas de exportación localizadas en México cuyo principal objetivo ha sido abastecer al mercado estadunidense, como es claramente el caso con la industria automotriz que manufactura para el mercado de Estados Unidos. Esto, redujo la inversión extranjera en busca de eficiencia para la exportación.

Además en 2009, la crisis económica mundial, provoca que varios proyectos se pospongan o incluso se cancelen, provocando que la inversión extranjera directa sea sensiblemente menor a la captada en 2008. Al mismo tiempo, la desaceleración de las economías locales, que ya acusaban los efectos de la recesión desde mediados de 2008, provocó una caída de las inversiones en busca de mercados internos.

Los 9,750 md de IED realizada y notificada en enero – septiembre de 2009 se canalizaron principalmente a la industria manufacturera, que recibió el 38.9%; a servicios financieros fue el 22.9%; a otros servicios, el 16.2%; a comercio, el 16.2%; y a otros sectores, el 5.8%. Asimismo, durante enero – septiembre de 2009, la IED provino principalmente de Estados Unidos, que participó con 53.3%; Holanda aportó 14.8%; Puerto Rico, 11.9%; Canadá, 5.8%; Reino Unido, 4.4%; España, 4.2%; Francia, 2.0%; Irlanda, 1.1%; y otros países, 2.5%.

De acuerdo a la fuente de la inversión, los 9,750.0 md de IED reportada en enero – septiembre de 2009 se integraron con 1,098.4 md (11.2%) de nuevas inversiones; 5,359.6 md (55.0%) de reinversión de utilidades; y 3,292.0 md (33.8%) de cuentas entre compañías.

- **La pérdida de competitividad de la región de América del Norte**

La diferente concepción entre los acuerdos comerciales europeos y el TLCAN se ha hecho evidente con el paso de los años. Mientras que en Europa la intención era impulsar un desarrollo del continente en su conjunto a fin de competir con los mercados oriental y americano, el TLCAN tuvo desde su origen una raíz de dominio por parte de Estados Unidos, para hacerlo únicamente un acuerdo comercial y no de integración regional.

Para formar la Comunidad y posteriormente la Unión, los países europeos, preveía una cuota financiera de los países más ricos para ayudar a los menos desarrollados como España, y de esa manera impulsar sus respectivas economías. Todo lo contrario con el Tratado de Libre Comercio para América del Norte (TLCAN)[8], que no incluyó ningún paquete de ayuda para aliviar las asimetrías que había entre los tres países.

---

[8] José Gil Olmos, TLCAN, 14 Años, proceso.com.mx

Así, por ejemplo, a diferencia de la Unión Europea, en el TLCAN no se establecen organismos centrales de coordinación política o social, sino solamente una secretaría para administrar y ejecutar las resoluciones y mandatos que se derivan del propio tratado.

En otras palabras, el NAFTA fue establecido solo como un acuerdo de libre comercio con ningún componente de armonización de políticas. En contraste, La Unión Europea (UE) ha elaborado estructuras administrativas y estructurales que han sido bastante efectivas en la armonización de políticas entre sus países miembros. Los países miembros del NAFTA, por otro lado, enfrentan el desafío de maximizar su eficiencia como bloque dado que no cuentan con autoridades o instituciones supranacionales que hagan cumplir la resolución de conflictos entre sus miembros, como pasa en la UE[9].

El hecho de que para el TLCAN no exista una autoridad supranacional que resuelva las disputas entre sus miembros, tiene como consecuencia que algunas veces los conflictos se resuelven unilateralmente. y que bajo este escenario, grupos domésticos puedan influir en que un país cambie los acuerdos dentro del TLCAN, por lo menos durante un periodo de tiempo en particular, en lugar de hacer cambios internos o domésticos[10].

Es así que, el Tratado de Libre Comercio de América del Norte (TLCAN), signado por México, EE.UU. y Canadá, buscaba una integración económica que eliminara los obstáculos arancelarios y no arancelarios, fomentando el intercambio comercial y estableciendo foros y mecanismos para resolver controversias, a fin de incrementar el comercio entre las tres naciones. Durante los primeros años de entrar en vigor, este acuerdo cumplió con su objetivo: generó una mayor actividad comercial en la región. Sin embargo ésta no fue sostenida y a trece años de vigencia y reducciones arancelarias, el resultado refleja para la Región de América del Norte, pérdida de competitividad y de posicionamiento en el mercado mundial frente a países como China.

La integración comercial que originó el TLCAN generó un auge en el comercio en la última parte de los noventas, sin embargo del 2000 a la fecha se ha estancando. Dado lo anterior, el objetivo fundamental de fortalecer la región para mejorar su competitividad y posicionamiento en la economía mundial, presenta resultados negativos: la región en su

---

[9] Rene F. Ochoa, Pablo Sherwell, y Gloria Abraham, Lecciones Aprendidas de Otros Bloques, La Experiencia del NAFTA, Primer Taller CAMIC, San José, Costa Rica, Noviembre 5-7, 2007, 3 pp.
[10] Josling (1997).

conjunto y los tres países por separado presentan pérdida de posicionamiento en el comercio mundial.

Como se observa en la siguiente gráfica China compite fuertemente con Canadá por la primera posición como socio comercial de los Estados Unidos, aunque en 2007 China logró ganar este puesto en 2008 Canadá se recupera aunque con una diferencia mínima. Por su parte México está en una lejana tercera posición estancado en una cuota de mercado de alrededor de 10% (ver gráfica).

PARTICIPACIÓN DE CHINA, CANADÁ Y MÉXICO COMO PORCENTAJE DEL MERCADO DE IMPORTACIÓN DE LOS ESTADOS UNIDOS 2004-2008

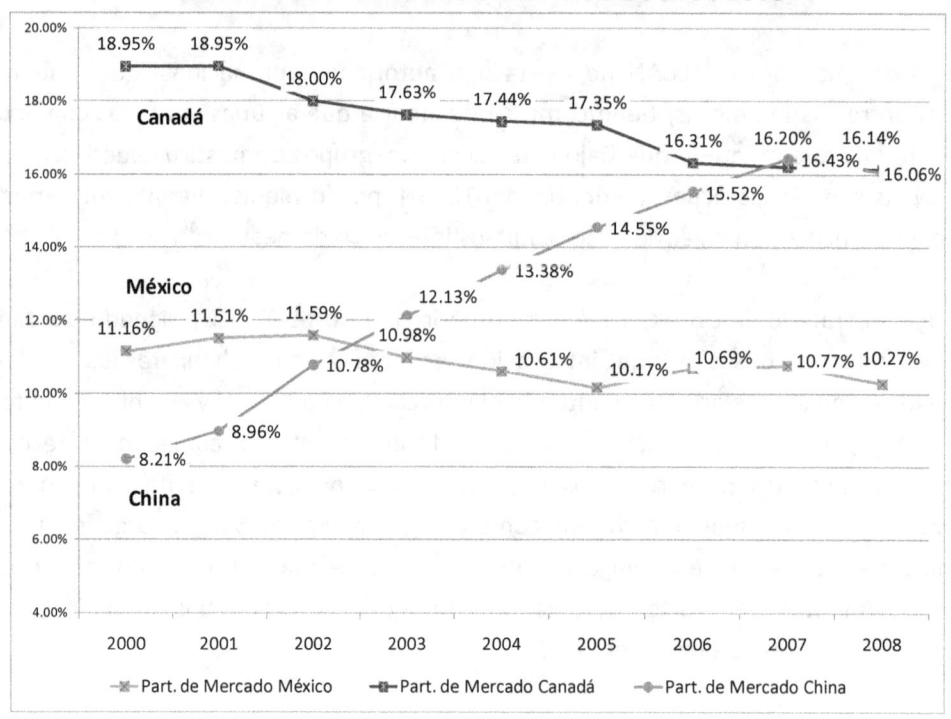

Fuente: Elaborado por CECIC con datos del Buró de Censos de los Estados Unidos.
Gráfica 2.4

El proceso evolutivo de la actividad comercial puede observarse en la siguiente gráfica. El balance en la primera fase que va 1997 al 2000 es positivo tanto para la región en general que alcanza cerca del 19% de la cuota de mercado mundial, como para cada uno de los tres países individualmente. Sin embargo, la segunda fase presenta una caída sustancial en donde la región y sus países integrantes pierden posicionamiento, sobre todo al comparar su desempeño con el de China.

El gran ganador parece ser la República Popular China, país que se ha convertido en la fábrica y motor del comercio mundial. China ha venido desplazando a la región de América del Norte en la economía mundial, ya que mientras que ésta bajó su participación del 18.99 al 12.7%, China la aumentó del 3.86 a 8.86%.

Lo anterior significa que el Libre Comercio por sí solo no genera mayor competitividad en la región y que el juego de la hipercompetencia global no está sólo entre nuestros países, sino también con el resto del mundo.

VCR AMÉRICA DEL NORTE (TLCAN) VS. CHINA 1997-2008

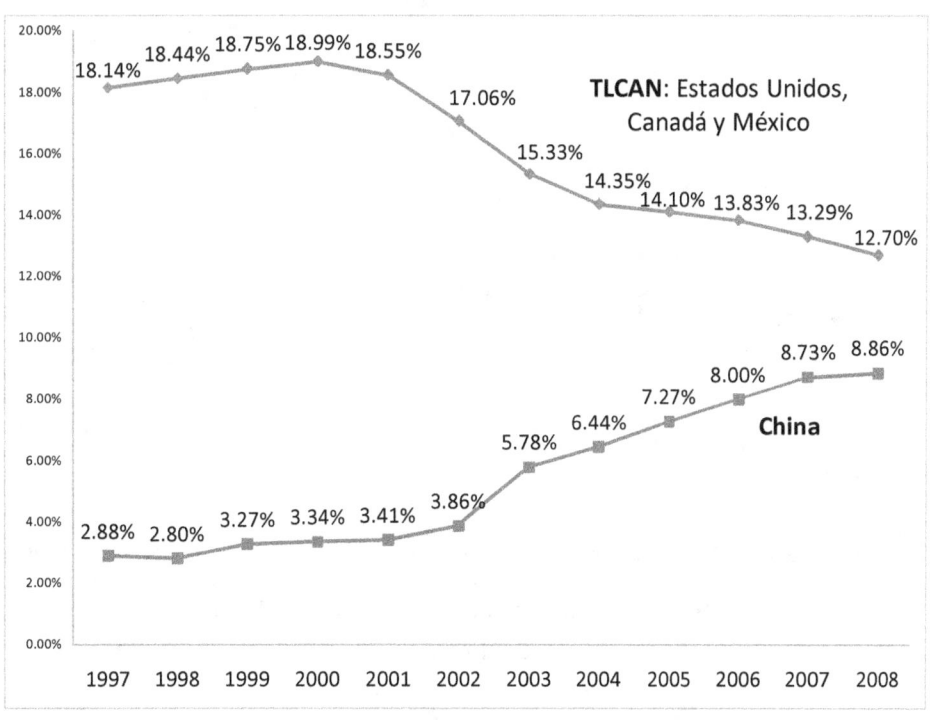

Fuente: Elaborado por CECIC con datos de la OMC.

Gráfica 2.5

Los datos confirman la afirmación anterior, la región de América del Norte de generar el 19% del comercio mundial en el año 2000, para el 2008 participa con menos del 13%. Por su parte, EE.UU. pasa del 12.11% al 8.06%, Canadá 4.28 al 2.83% y México 2.56 al 1.81% de participación en el comercio mundial. Por tal motivo, se puede decir que en términos generales la región en su totalidad es perdedora, así como cada uno de los países que integran este tratado (ver gráficas).

VCR MÉXICO, EE.UU. Y CANADÁ 1995-2008

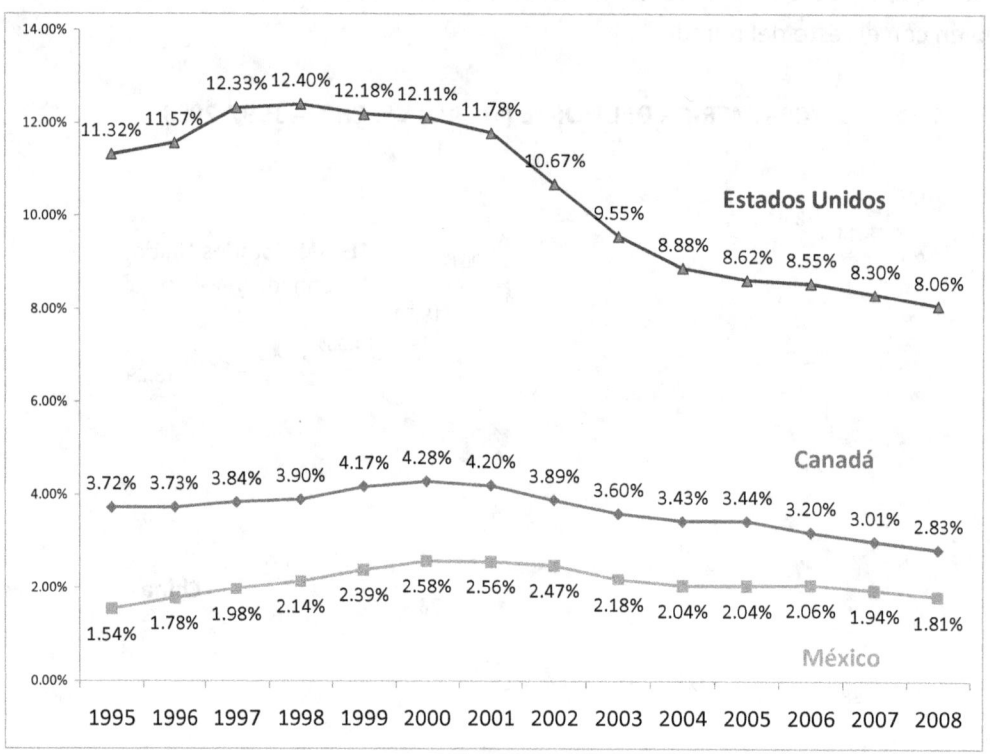

Fuente: Elaborado por CECIC con datos de la OMC.
Gráfica 2.6

Algunas de las razones que pueden atribuirse a este hecho, es que no se generaron las economías de integración que se suponía desarrollaría el acuerdo. Los dos posibles motivos pueden definirse de la siguiente forma:

1) El libre comercio, aunque necesario, no es una estrategia de integración económica efectiva porque carece de una visión de largo plazo y de un enfoque de competitividad sistémica que visualice la región bajo un enfoque de complementación productiva, y

2)

2) la región no logró avanzar en una estrategia de integración en infraestructura, logística e innovación que hoy día son factores fundamentales para sostener y crecer en el posicionamiento del comercio mundial.

Nuevamente, es importante señalar que es importante señalar que el acuerdo de Libre Comercio careció de los mecanismos institucionales y de financiamiento para el desarrollo de la región, lo que provocó que la integración no fuera efectiva. El resultado ha sido que no solamente la región ha perdido posicionamiento en el comercio mundial, sino que la tendencia sigue en la misma dirección, de aquí que sea importante analizar por qué se ha dado este fenómeno y qué lecciones se pueden derivar. Sin duda existe la necesidad de replantear el TLCAN, ya que prácticamente ha concluido el proceso de liberalización comercial. Hoy el TLCAN se presenta como un modelo agotado para dar cumplimiento a su principal objetivo: elevar la competitividad y el posicionamiento en el comercio mundial a través de una eficiente integración económica entre los tres países.

El Cluster Automotriz

La industria automotriz era un factor clave en la economía de los tres países, debido a su generación de empleos y el desarrollo tecnológico que la caracteriza. A principios de los años noventa, se había convertido en una pieza fundamental en el desarrollo económico de México al generar empleo para cerca de 400 mil trabajadores en 1990 distribuidos en la industria terminal, de autopartes, maquiladora y la distribución, lo que representaba el diez por ciento del personal ocupado del sector manufacturero, además de ser la segunda rama más importante en la generación del producto interno bruto y teniendo una estrecha relación comercial con el mercado norteamericano ., además se consideraba como una industria de gran capacidad de arrastre. Por lo anterior, el gobierno mexicano había elaborado el decreto automotriz que tenia como finalidad fomentar al sector y elevar la exportación, teniendo buenos resultados al incrementarse la producción de automóviles.

En cuanto a Estados Unidos, la industria había enfrentado serios problemas de competitividad y sobrecapacidad que aunado al cambio en las preferencias del consumidos hacia autos compactos y con un uso más eficiente del combustible, permitieron que las firmas asiáticas fueran ganado terreno en su mercado interno, por lo cual el gobierno norteamericano optó por la implantación de medidas proteccionistas, para que las empresas buscaran recuperar su competitividad. Se esperaba que con el tratado se reorganizara la industria automotriz, aprovechando los costos de tecnología y mano de obra que ofrecían los tres países en conjunto. Adicionalmente, la industria canadiense tenía una relación muy estrecha con la norteamericana por lo que la aquejaban problemas muy similares.

Con las negociaciones del tratado se buscaba la eliminación de las barreras arancelarias y no arancelarias, una mayor libertad por parte de los convenios ya existentes, el establecimiento de reglas de origen claras y mecanismos que permitieran promover la inversión extranjera. Pero, cada uno de los países tenia sus propias limitaciones y presiones, en el caso de Estados Unidos, se tenía que convencer a los grandes sindicatos automotrices que con la firma del tratado no se fomentaría la salida masiva de las plantas a México por el menor costo de la mano de obra, ocasionándoles problemas de desempleo, adicionalmente las empresas solicitaban una tasa alta para la regla de origen para evitar las importaciones de productos de origen asiático, y se tenían medidas proteccionistas como el "chicken tax" y la norma CAFE . Canadá por su parte, también tenía fuertes presiones por parte de los sindicatos y un acuerdo previo con Estados Unidos. En cuanto a México, se tenían fuertes restricciones a las inversiones extranjeras, la limitación para impedir una balanza deficitaria y la instalación de empresas asiáticas en su territorio.

Los problemas durante la negociación se centraron en el porcentaje de componentes y valor agregado nacional que debían de incorporar los automóviles, ya que Estados Unidos y Canadá consideraban que su sector automotriz estaba más liberalizado que el de México, por lo que buscaban que el gobierno mexicano aceptara una liberalización rápida con una disminución inmediata del valor agregado al 30 por ciento, al tiempo que el gobierno mexicano buscaba un periodo de transición de 15 años y proteger la integración nacional por un periodo de cinco años.

La disposición del gobierno mexicano, que implicaba tener una balanza comercial superavitaria para poder importar, limitaba las actividades de las empresas; los periodos de desgravación y de transición que debería tener la industria automotriz antes de acceder a un mercado de libre comercio; los mecanismos para determinar las reglas de origen que permitieran definir la procedencia de los automóviles y de las autopartes era de los temas más conflictivos, ya que entre los mismos productores estadounidenses no había consenso; por ejemplo, Ford no aceptaría una regla de origen menor al 75 por ciento, Chrysler estaba dispuesto a bajarla hasta el 60 por ciento, al tiempo que los productores europeos y asiáticos instalados en México argumentaban que una regla de origen mayor al 50 por ciento sería una clara desventaja para exportar al mercado norteamericano; y la libre importación de vehículos por parte de particulares .

Finalmente, se lograron acuerdos, los cuales satisficieron en parte las condiciones de los países lográndose por un lado, la eliminación de los impuestos "chicken tax" y CAFE para los productos mexicanos después de un periodo de transición, y se logró por parte del gobierno mexicano tener un periodo de protección de diez años, para importar automóviles por los distribuidores y la importación por particulares hasta el 2008.

México con la entrada en vigor del TLCAN bajó su tasa promedio aplicada a las importaciones provenientes de Estados Unidos de 10.36 por ciento a 6.49 por ciento en 1994 contemplando una desgravación progresiva que llegaría a cero en el año 2003, EE.UU. por su parte tenia una tasa arancelaria promedio menor a la impuesta por México y con la firma del tratado de acordó una tasa de 1.72 por ciento en 1994.

Este proceso dio como resultado la integración de clusters regionales alrededor de autos, motores y otras partes ha sido una tendencia bastante común en los países donde las grandes transnacionales automotrices se instalan. En el caso mexicano, se han experimentado desarrollos contrastantes del "cluster automotriz" en diferentes regiones y estados de la República.

No obstante lo anterior, cabe destacar que el buen desempeño de la industria automotriz en México también ha dependido de la formación de mano de obra especializada y la protección gubernamental que durante algunos años se le ha dado. Sin embargo, en la actualidad debido a que la principal ventaja comparativa de México y China es la mano de obra abundante y barata, ambas naciones compiten en ramas manufactureras similares en el comercio internacional, con una presencia creciente de ambos países en el intercambio comercial con los Estados Unidos. Además, la recensión que vive en estos momentos Estados Unidos parece marcar un panorama difícil para esta como para otros sectores manufactureros.

Fuente: Elaborado por CECIC.

Recuadro 2.1

Es así que, el Libre Comercio como estrategia de integración económica no ha sido exitoso ya que el supuesto de que se llegaría a la integración productiva y económica en la región no resultó ser cierto. Se careció de una visión estratégica de mediano y largo plazo que visualizara la integración comercial como la vía para la integración productiva y económica.

Los mecanismos institucionales del TLCAN fungieron más bien como elementos de discusión de controversias más que como mecanismos de evaluación y adecuación de las políticas de integración que mejoraran la competitividad en infraestructura, logística e innovación y fortalecieran los sectores productivos.

Por otro lado la integración comercial y económica implica mecanismos de financiamiento adecuados para promover las actividades propias al interior de la región. Sin embargo, el Banco para el Desarrollo de América del Norte (NADBANK por sus siglas en inglés) se constituyó como un banco fronterizo que financia proyectos en temas ecológicos fronterizos, más que proyectos de integración económica e incremento de competitividad que promuevan el comercio y la integración productiva.

En conclusión, la integración comercial regional debe acompañarse de acciones unilaterales, bilaterales y multilaterales en otros frentes comerciales con el fin de maximizar las ganancias de la liberalización comercial.

Es así que el fenómeno de la globalización ha implicado la integración comercial de los países y en el mejor de los casos una integración regional. El mejor ejemplo de lo anterior es la Unión Europea que tras un primer tratado para favorecer el intercambio de las materias primas necesarias en la siderurgia en la década de los cincuenta entre seis países[11], hoy día

---

[11] En 1951 se firmó en París el Tratado que institucionaliza la Comunidad Europea del Carbón y del Acero (CECA) entre Alemania, Francia, Italia, Países Bajos, Bélgica y Luxemburgo

ha evolucionado a la integración regional de 27 países del continente europeo con una Unión Económica y Monetaria (UEM). La UEM la cual se define como la zona con una moneda única dentro del mercado único de la UE, donde las personas, las mercancías, los servicios y los capitales circulan sin restricciones. Esta integración ha posicionado a la UE como la primera potencia económica mundial con más del 18% del volumen total de importaciones y de exportaciones[12].

En el caso del continente americano, hoy día existen diversos acuerdos de libre comercio que han buscado la integración regional -de los más recientes el Tratado de Libre Comercio de América Central con EE.UU. (CAFTA-DR por sus siglas en inglés)-. Sin embargo, un TLC no necesariamente conlleva una integración económica, social y política regional, como es el caso de la Unión Europea, la Comunidad Andina, el Mercosur y la Comunidad de Naciones Sudamericanas. Si bien estos se crearon para fomentar el intercambio comercial, también incluyeron cláusulas de política fiscal y presupuestario, así como el movimiento de personas y organismos políticos comunes.

En los últimos años, con la intención de replicar lo sucedido en Europa se ha tratado de desarrollar el Área de Libre Comercio de las Américas. El ALCA surgió formalmente en las negociaciones de abril de 1998 durante la Segunda Cumbre de las Américas en Santiago de Chile donde los Jefes de Estado y de Gobierno que participaron acordaron que el proceso de negociaciones del ALCA sería equilibrado, comprensivo, congruente con la OMC, y constituirá un compromiso único. Sin embargo a la fecha no se ha logrado un acuerdo

En su tercer borrador editado en 2003, los objetivos de este Acuerdo eran los siguientes[13]:

a. La liberalización del comercio para generar crecimiento económico y prosperidad, contribuyendo a la expansión del comercio mundial;
b. Generar niveles crecientes de comercio de mercancías, bienes y servicios, y de inversión, mediante la liberalización de los mercados, a través de reglas justas claras, estables y previsibles; justas, transparentes, previsibles, coherentes y que no tengan efecto contraproducente en el libre comercio;

---

[12] Un mercado competitivo y solidario: http://www.diplomatie.gouv.fr/es/article-imprim.php3?id_article=3535

[13] ALCA - Área de Libre Comercio de las Américas. Borrador de Acuerdo en http://www.ftaa-alca.org.

c. Mejorar la competencia y las condiciones de acceso al mercado de los bienes y servicios entre las Partes, incluyendo el área de compras del sector público;

d. Eliminar obstáculos, restricciones y/o distorsiones innecesarias al libre comercio entre las Partes, incluyendo, prácticas de comercio desleal, medidas para-arancelarias, restricciones injustificadas, subsidios y ayudas internas al comercio de bienes y servicios;

e. Eliminar las barreras al movimiento de capitales y personas de negocios entre las Partes;

f. Propiciar el desarrollo de una infraestructura hemisférica que facilite la circulación de bienes, servicios e inversiones; y

g. Establecer mecanismos que garanticen un mayor acceso a la tecnología, mediante la cooperación económica y la asistencia técnica.

Como se aprecia, los objetivos son congruentes con la visión regional de desarrollo sin embargo debido a los constantes desacuerdos entre las naciones sobre la igualdad de condiciones el ALCA —sobre todo en el tema agropecuario-, las negociaciones para la integración de un libre mercado en el continente americano se han detenido derivando en tratados de libre comercio bilaterales en la mayoría de los casos tales como EE.UU. – Colombia y EE.UU – Centroamérica entre otros.

En el caso del TLCAN el proceso de integración regional depende del desarrollo competitivo de los ejes energético, hidráulico, de telecomunicaciones y de transporte multimodal los cuales integran el capital logístico que conforma la infraestructura física, de transporte y tecnológica que ayuda a reducir los costos de transacción de las empresas, además de la infraestructura para el desarrollo de tecnología, innovación y capital humano.

Una de las áreas de mayor potencial para el desarrollo de la competitividad regional es la que tiene que ver con el desarrollo de programas de innovación y capital intelectual por clusters y sectores productivos. Esto permitirá aprovechar ambas ventajas, el capital empresarial de la región y el capital intelectual de las universidades y centros de investigación, lo que permitirá desarrollar industrias tanto de manufactura como de mentefactura con mayor valor agregado, el cual es el reto de la nueva etapa de industrialización en México. El proceso de integración regional tiene la visión social de constituir a mediano y largo plazos una integración económica del tipo de la Unión Europea, con movilidad no sólo de factores, sino también de trabajadores y especialmente trabajadores del conocimiento.

La evaluación del TLCAN 14 años después, muestra que la integración comercial no es suficiente para avanzar y competir exitosamente en esta nueva etapa de hipercompetencia global; por ello es fundamental lograr la integración económica, sectorial, regional y productiva. La integración deberá partir de la voluntad política de gobernantes, ciudadanos, empresarios, trabajadores, se puede lograr un mayor crecimiento, sustentable y con desarrollo social. Ahora la región requiere de un compromiso compartido y un programa de acción participativo de los sectores -empresarios, trabajadores, instituciones y gobierno- para consolidar la integración productiva regional.

En el contexto actual de estancamiento estabilizador, México requiere pasar de una estrategia de crecimiento hacia afuera a una estrategia de crecimiento balanceado apoyándose en los motores externo e interno, hoy, así como en el 2001, se evidencia la necesidad de complementar la estrategia de apertura vía comercio con un TLCAN II que plantee la integración productiva para poder crecer a través de un modelo de crecimiento competitivo con equilibrio interno y externo.

El TLCAN permitió acceso sin aranceles en la región, pero las diferentes tasas aplicadas por cada país a las importaciones obligaron a instituir un complejo sistema norteamericano de reglas de origen para poder acceder a la región bajo las condiciones del tratado. Estas reglas muchas veces aumentan el costo de transacción al grado que algunos exportadores prefieren en su lugar pagar el arancel multilateral. Además, aunque los mecanismos de solución de controversias establecidos por el TLCAN han mostrado ser un medio confiable de arreglo de la mayoría de las disputas comerciales, han sido incapaces de desahogar importantes y polémicos problemas relativos a la madera dulce, el azúcar y algunos otros productos.

En suma, falta realizar un trabajo importante para crear una zona económica común mediante la eliminación de las barreras arancelarias y no arancelarias que aún subsisten dentro de América del Norte. Las tres naciones deben también expandir la cooperación en rubros relacionados con el comercio, como la infraestructura fronteriza y de transporte; hacer un esfuerzo concertado para reducir las muchas brechas regulatorias e inconsistencias que obstruyen el flujo de comercio e invertir en forma coordinada en el capital humano de la región mediante la educación y la capacitación, así como mediante un mejoramiento de la movilidad laboral dentro del continente.

El TLCAN se agotó como estrategia de integración de América del Norte. Como región perdimos liderazgo y posicionamiento y en el país dejó de ser motor de comercio, inversión y crecimiento. Por lo tanto se requiere avanzar hacia una nueva estrategia, un TLCAN II. Se debe pasar de la integración comercial a la integración productiva con competitividad sistémica, cuidando los aspectos de integración en infraestructura, logística, en clusters regionales, en sistemas de financiamiento de la región, con voluntad política y con los mecanismos institucionales para fortalecerla.

La relación entre los socios del TLCAN es al mismo tiempo compleja -debido a asuntos históricos, políticos y sociales- y estrecha, baste mencionar el hecho de que los tres países de América del Norte son los mayores socios comerciales los unos de los otros. Más del 80 por ciento del comercio mexicano y canadiense se da con sus socios del TLCAN. Casi un tercio del comercio estadounidense es con Canadá y México. Entre estos países, el comercio ha triplicado su valor en la década pasada. Además, la inversión transfronteriza directa se ha incrementado de modo considerable y contribuye a la integración de las tres economías.

América del Norte es también interdependiente en un sector tan estratégico como lo es el energético. Canadá y México son dos de los principales exportadores de petróleo a Estados Unidos. Canadá por su parte suministra aproximadamente el 90 por ciento del gas natural y toda la electricidad que importa su vecino del sur.

Más aún, las tres naciones enfrentan peligros comunes de seguridad, desde el terrorismo hasta el narcotráfico y el crimen organizado internacional, que requieren políticas de cooperación entre ellos.

Como lo define el documento "Construcción de una Comunidad de América del Norte"[14] América del Norte, en suma, es más que una expresión geográfica:

> "es una Alianza de estados soberanos con intereses económicos y de seguridad que se superponen, en la cual los sucesos importantes en un país pueden tener y tienen un poderoso impacto en los otros dos".

---

[14] Documento Construcción de una comunidad de América del Norte, Informe de un Grupo Independiente de Trabajo Patrocinado por el *Council on Foreign Relations*, el Consejo Canadiense de Presidentes de Empresa Consejo y el Mexicano de Asuntos Internacionales.

En marzo de 2005, los gobernantes de México, Canadá y Estados Unidos adoptaron una Alianza de Seguridad y Prosperidad para América del Norte (ASPAN), la cual establece grupos de trabajo a nivel ministerial para atender temas claves que confrontan a la región en materia económica y de seguridad, y fijan un plazo breve para informar de avances a sus gobiernos. El presidente Bush describió el alcance de la ASPAN como el establecimiento de un compromiso común *"con los mercados, la democracia, la libertad, el comercio, la mutua prosperidad y la mutua seguridad"*. El marco político delineado por los tres gobernantes es un compromiso significativo que se beneficiará con un amplio análisis y una buena asesoría. El Grupo de Trabajo se complace en ofrecer recomendaciones específicas sobre la forma en que esta Alianza puede procurarse y volverse realidad.

Algunos vieron en este caso la oportunidad de formar una Unión de Norteamérica. En la relación con sus vecinos los Estados Unidos han priorizado en la agenda el tema de la seguridad desde el 11 de septiembre del 2001. Por su parte, México y Canadá esperan que la nueva iniciativa trate temas de prosperidad, asegurando que bienes y personas pueden cruzar la frontera libremente.

Los temas en la reunión de Montebello fueron bilaterales, por ejemplo, el Presidente Bush y el Presidente Calderón han acordado un plan para combatir el tráfico de drogas. Un esfuerzo serio para profundizar el TLCAN sería involucrar más activamente a las legislaturas y grupos de interés de los países. Parece que no existe la voluntad para lograrlo. Para profundizar el tratado se requiere mayor voluntad política, líderes políticos más fuertes y contar con instituciones que puedan enfrentar el reto.

Hoy en día es necesario enfrentar el desafío que representa la integración de las Américas, actualmente el continente se encuentra fragmentado en subregiones, América del Norte – TLCAN, América del Sur MERCOSUR y Comunidad Andina, en Centroamérica el DR-CAFTA y en el Caribe el CARICOM.

Existe un fuerte contraste entre América y Europa, los europeos han avanzado fuertemente en la integración, Europa occidental integró a Europa del Este, mientras que en nuestro continente no ha sido posible integrar las diferentes regiones y seguimos trabajando en bloques subregionales. Sin embargo, América del Norte es diferente de otras regiones del mundo y debe encontrar su propia senda cooperativa hacia el futuro que deberá confiar más en las instituciones y buscar soluciones pragmáticas a problemas comunes que en grandes esquemas de confederación o unión, como los de Europa ya que en este caso, es importante respetar la soberanía nacional de cada uno.

Debemos reconocer que el modelo original de apertura comercial vía TLCAN se agotó y en la actualidad resulta ineficiente e ineficaz. Ahora se necesita un cambio de visión con voluntad política y un programa verdadero de integración regional.

Es necesario avanzar de la integración comercial a la integración productiva, a través de una nueva visión que nos permita ir más allá de la apertura y liberalización del comercio y la inversión. La idea es que los países de América del Norte complementen su oferta productiva, lo que les permitirá como región aumentar su frontera de posibilidades de producción.

En este sentido, un Grupo Independiente de Trabajo sobre el Futuro de América del Norte, patrocinado por el *Council on Foreign Relations* (CFR), el Consejo Mexicano de Asuntos Internacionales (Comexi) y el Consejo Canadiense de Presidentes de Empresa, ofrece un conjunto detallado y ambicioso de propuestas que se construyen a partir de las recomendaciones adoptadas por los tres gobiernos en la cumbre celebrada en Texas en marzo de 2005. **La recomendación central del Grupo es establecer, a más tardar en el 2010, una comunidad económica y de seguridad de América del Norte, cuyos parámetros serán definidas por un arancel externo común y un perímetro externo de seguridad[15].**

En su opinión, si no se toman decisiones importantes y se ponen en práctica, los tres países podrían encontrarse tomando rumbos divergentes. Esto sería un error trágico, el cual puede fácilmente evitarse si mantienen el compás de la integración y buscan dar una serie de pasos deliberados de cooperación que eleven la seguridad y la prosperidad de sus ciudadanos.

Por todo lo anterior resultan preocupantes las declaraciones de los precandidatos demócratas Hillary Clinton y Barack Obama en contra del TLCAN.

---

[15] *Op Cit.*

Como escribe Ernesto Zedillo *"Es difícil aceptar que políticos de su estatura intelectual crean realmente lo que han dicho sobre los efectos de las existentes políticas comerciales de Estados Unidos sobre el bienestar del pueblo estadounidense. Por ejemplo, han señalado que ciudades enteras han sido devastadas tan sólo por acuerdos comerciales, que el TLCAN le ha costado a Estados Unidos empleos y significado una carrera al fondo del tema ambiental y laboral, que los acuerdos laborales subyacen al enorme déficit comercial de Estados Unidos, y más."*

Capítulo 3:
México a 14 años del TLCAN

3.1 La estrategia de crecimiento hacia afuera

Un menor nivel de crecimiento y una posible recesión industrial en la economía mexicana producto de la desaceleración de la economía de los Estados Unidos hacia finales del 2007 y los primeros meses del 2008, revelan los límites y la vulnerabilidad del modelo de crecimiento hacia afuera basado sólo en el motor externo y en el pivote exportador, que aún siendo dinámico, está desarticulado y concentrado en un solo mercado (84% en los E.U.A. en el 2007)

Desde 1975 se planteaba la conveniencia estratégica de pasar del modelo de Industrialización Sustitutiva de Importaciones (ISI) a un modelo de Industrialización de Exportación (IE) que permitiera lograr el equilibrio externo en sincronía con una industrialización vía el mercado interno. Sin embargo, los altos precios del petróleo y el descubrimiento y explotación de nuevas reservas petroleras (Cantarell) permitieron a México sostener el modelo ISI hasta principios de la década siguiente pero además hicieron que la economía mexicana padeciera la llamada enfermedad holandesa (Dutch-Disease).

En resumen, la enfermedad holandesa puede describirse como el proceso de apreciación real del tipo de cambio provocado por una entrada excesiva de divisas, esta apreciación en términos reales del tipo de cambio modifica los precios relativos del comercio exterior, las exportaciones pierden competitividad ya que los precios al exterior aumentan mientras que los precios de las importaciones se reducen generando un efecto negativo sobre el crecimiento del producto nacional y del empleo al producirse un sesgo altamente pro-importador. Actualmente, la economía mexicana sigue padeciendo esta enfermedad, las entradas de divisas provenientes del petróleo, de las remesas y de la inversión extranjera directa han sostenido el peso en niveles altos de sobrevaluación (35%) con los efectos ya mencionados.

El fenómeno de agotamiento de la ISI y la ineficiencia en la asignación de recursos y competitividad del modelo no deben oscurecer el hecho de que sirvió como motor del crecimiento durante un período sorprendentemente largo. De 1950 a 1981 la economía generó una tasa de crecimiento promedio anual superior al 6%, y de 1955 a 1975 (más de 20 años) lo hizo de manera sostenida, sin problemas de desequilibrio macroeconómicos. Sin embargo, el modelo se agotó en 1976 y entró en crisis en 1982, entre las razones fundamentales de esta crisis destacan:

- Sobreprotección a la industria nacional, pues ésta fue excesiva, permanente e indiscriminada, generando un sesgo antiexportador.

- Sobrerregulación de los mercados que generó monopolios, oligopolios e ineficiencia en la asignación de recursos.

- Políticas de fomento mal dirigidas, el fomento fue general, indiscriminado y permanente, generando empresas poco competitivas internacionalmente.

La crisis de 1976 mostró el agotamiento del modelo, pero los altos precios internacionales del petróleo extendieron la vida del modelo "artificialmente". La crisis económica de 1982 reflejó el hecho de que no es posible fincar el crecimiento económico en la expansión del gasto público, en el aumento de la base monetaria y en el endeudamiento externo. México se encontró en una posición altamente vulnerable al aumento en las tasas de interés internacionales y además en un escenario de precios del petróleo en descenso. En esta coyuntura se volvió imperativo establecer una política macroeconómica de estabilización, sobre la cual se pudiera fundar un nuevo modelo de crecimiento.

En 1981 el déficit externo (en la balanza de cuenta corriente) alcanzó un nivel de 6.5% del PIB, en 1982 el peso se devaluó en 100% y dio inicio la crisis de la deuda externa que finalmente, llevó al cambio del sistema económico dirigido por el estado a uno orientado al mercado, y del modelo de industrialización sustitutivo de importaciones, al exportador.

Ante el escenario económico-financiero se planteó la necesidad de transitar de un modelo de ISI a otro de IE, que permitiera transitar a una nueva etapa de crecimiento económico orientando la industria al mercado externo.

La nueva estrategia económica puesta en marcha a partir de 1983 se propuso elevar la eficiencia competitiva de la industria nacional e impulsar las exportaciones manufactureras, superando de este modo la necesidad permanente de financiamiento externo.

El gobierno procedió a liberalizar el comercio exterior y a suprimir la mayoría de los instrumentos de fomento sectorial, en espera de que los agentes privados y las fuerzas del mercado optimizaran la asignación de recursos, suponiendo que la competencia externa generaría los incentivos suficientes para que los empresarios mexicanos incorporaran los cambios tecnológicos necesarios para poder aumentar rápidamente la productividad.

Según datos presentados por José Luis Calva[16]: *"La precipitada apertura comercial, en vez de reducir el déficit comercial manufacturero que en 1982 había sido de 17 mil 939 millones de dólares (mdd), sin incluir maquiladoras, lo hizo aumentar hasta los 30 mil 035 mdd en 1994. Después del colapso financiero de 1994, el déficit comercial manufacturero descendió hasta 6 mil 416.7 mdd y 8 mil 864.5 mdd, en 1995 y 1996, en gran parte debido a la competitividad cambiaria restaurada durante esos años. Pero después de la apreciación real del tipo de cambio observada a partir de 1997, el déficit comercial manufacturero (sin maquiladoras) volvió a crecer dramáticamente hasta 34 mil 334.5 mdd en 2000, para alcanzar los 44 mil 733 mdd en 2005.*

En segundo lugar, el aumento de las exportaciones manufactureras, agudizó, en vez de superar, la desarticulación interna y la desigualdad en el desarrollo de las ramas fabriles, al crecer vertiginosamente el componente importado de la producción manufacturera, desplazando componentes nacionales: la relación importaciones manufactureras/PIB manufacturero, que en 1981 fue de 41.2%, pasó a 75.8% en 1994 y a 100.4% en 2005, sin incluir maquiladoras. (Si se incluyen las internaciones temporales de bienes por las maquiladoras, la relación importaciones manufactureras/PIB manufacturero saltó de 45.4% en 1981, a 161.8% en 2005)."

Como resultado de este proceso, las cadenas productivas se desarticularon y las exportaciones manufactureras redujeron su efecto de arrastre sobre la industria nacional, aumentando en cambio sus efectos multiplicadores sobre la producción, la inversión y el empleo fuera del país.

---

[16] Calva, José Luis. *Descalabro industrial*. El Universal. 2 de junio de 2006

Los resultados agregados del experimento neoliberal en materia de producción industrial, se plasman en la fuerte caída del ritmo de crecimiento del PIB sectorial

El sector manufacturero ha desempeñado una función clave en el desarrollo de México y su integración en la economía mundial. Sin embargo, en los últimos años el sector ha perdido parte de su anterior dinamismo, tanto debido a factores cíclicos como por una pérdida de competitividad en los mercados internacionales.

3.2 El modelo exportador 1994-2008

Auge y estancamiento del modelo exportador

La dinámica de crecimiento del modelo industrial exportador se manifiesta con el espectacular aumento de las exportaciones, que pasaron de representar el 8% del PIB en 1980 al 41% en 1999. En la década de los noventa se triplicó el valor de las exportaciones de mercancías que pasó de casi 41 mil MDD en 1990 a 136 mil MDD en 1999, lo que implicó una tasa media de crecimiento anual de 12.8%, muy por encima de la tasa de crecimiento de la economía en esa década (2.8%).

El crecimiento de las exportaciones totales se sustentó en las exportaciones de la industria manufacturera, estas pasaron de 27 mil 800 MDD en 1990 a 121 mil 500 MDD en 1999 en términos absolutos y en términos relativos pasaron de representar el 68.4% de las exportaciones totales en 1990 a un 89.1% en 1999. La sustitución de exportaciones se consolidó, y se presentó en México de manera más dinámica y clara con respecto al resto de América Latina.

México transitó del viejo modelo de economía cerrada y de crecimiento hacia adentro vía la industrialización sustitutiva de importaciones (ISI) de (1940 - 1981) a un nuevo modelo de crecimiento hacia afuera vía la industrialización exportadora (IE) (1982-2000).

La transición en los noventa se caracterizó por la nueva estrategia de crecimiento orientada hacia el exterior, basada en el modelo industrial exportador. En la década de los noventa,

México logró integrar un Modelo de IE dinámico basado en una política industrial con tres pilares fundamentales:

1. La apertura comercial, financiera y a la inversión extranjera. México tiene acuerdos de libre comercio con 32 países en 3 continentes y su grado de apertura (exportaciones + importaciones de bienes y servicios entre PIB) es mayor al 70%

2. La liberalización de los mercados internos.

3. Una política de fomento industrial pasiva. Herminio Blanco, Secretario de Comercio y Fomento Industrial en el gabinete zedillista llegó a afirmar que: "La mejor política industrial es la que no existe."

En la década de los noventa, el modelo industrial exportador fue exitoso, en tanto que se creó una locomotora dinámica exportadora, como ya se mencionó anteriormente, las exportaciones de mercancías prácticamente se triplicaron entre 1990 y 1999.

El problema que ha sistemáticamente ha enfrentado la locomotora exportadora es que tiene un motor dinámico de crecimiento pero con bajo poder de arrastre y con desarticulación de las cadenas productivas debido a la amplia liberalización comercial, a la sobrevaluación del peso y a la política industrial pasiva, lo que se tradujo en una desprotección neta al aparato productivo nacional.

La liberalización comercial fue en la dirección correcta, pero la apertura fue ineficiente, pues fue acompañada de políticas incorrectas (sobrevaluación y política industrial pasiva). Se eliminó el excesivo proteccionismo al pasar a niveles arancelarios menores pero la industria nacional no estaba lista para enfrentar la apertura comercial. Adicionalmente la sobrevaluación ya mencionada representó un subsidio implícito al importador por un valor equivalente al abaratar el precio del dólar, este fenómeno sigue operando hoy en día, actualmente el peso se encuentra sobrevaluado, en términos reales, un 35% frente al dólar.

La liberalización comercial y la apertura lograron efectivamente eliminar el sesgo anti-exportador del modelo ISI, pero generaron un nuevo sesgo pro-importador del modelo IE, generando un doble efecto:

En primer lugar, la desarticulación de cadenas productivas, que a su vez presenta dos efectos, la sustitución de importaciones ineficiente en el sector manufacturero y la elevación de la elasticidad ingreso de importaciones:

La participación de la producción de la industria manufacturera en la oferta total de manufacturas se redujo en sólo una década (1988-1998) del 70% a casi el 50%. Esto es, la oferta total de manufactura creció en México, pero las importaciones aumentaron su participación a costa de la producción interna.

El Modelo Industrial Exportador (IE) no ha podido generar un crecimiento similar a la tasa histórica del crecimiento de pleno empleo alcanzado en el período de crecimiento hacia adentro (1950-1980) vía la industrialización sustitutiva de importaciones (ISI).

En los años noventa, el modelo industrial exportador fue exitoso, en tanto se desarrolló una locomotora dinámica exportadora. Actualmente, la locomotora dinámica de exportaciones sigue creciendo velozmente, aunque presenta limitaciones importantes que hay que corregir a futuro.

Fundamentalmente, la locomotora exportadora tiene un motor dinámico de crecimiento pero con bajo poder de arrastre. Para emprender su rápido camino en el menor tiempo posible, ha sido necesario tenderle vías de bajo nivel tecnológico. Efectivamente, la locomotora exportadora se mueve sobre rieles cuya construcción depende más del empleo de mano de obra barata y abundante más que del empleo de mano de obra productiva y de la innovación. Continuando con la analogía, contamos con una locomotora exportadora que funciona bajo el mismo paradigma que permitió expandir las ferrovías del siglo pasado, compitiendo con trenes de alta velocidad, montados sobre tecnología de punta. Se trata de una locomotora producto de la gran fundidora, compitiendo con los nuevos trenes, producto de la revolución digital en la era de la mentefactura.

Los efectos más sobresalientes de este desarrollo primario del modelo exportador fueron:

1. La desarticulación de cadenas productivas

Como resultado de un modelo de exportación basado en el empleo de la mano de obra barata, de cada tres carros que mueve la locomotora exportadora mexicana a través de la industria maquiladora, dos son de importaciones y sólo uno nacional. Es decir que el desempeño exportador no incide en el fortalecimiento del aparato productivo interno. Es por ello que la industria maquiladora tiene poco arrastre y por sí sola será incapaz de generar los empleos suficientes que requiere un crecimiento dinámico y sustentable para las próximas décadas.

2. La concentración de la exportación

En México, del total de exportaciones no maquiladoras 300 grandes empresas concentran el 95% de ellas, esto es, la pequeña y mediana industria están marginadas del proceso exportador. México concentra su comercio total de exportación e importación en el mercado estadounidense (84%), por lo que es altamente vulnerable a los movimientos de la economía norteamericana al no tener mercados diversificados y mayor flexibilidad comercial. Esta fuerte dependencia podría impactar negativamente a la economía mexicana en el 2008 y 2009 debido a la fuerte desaceleración presente en la economía norteamericana.

3. Baja participación tributaria

Debido a que las exportaciones no pagan IVA, no se generan ingresos tributarios en proporción con esta dinámica de crecimiento económico. Más aún, puesto que las importaciones de maquila están exentas de aranceles, mientras el resto paga aranceles bajos, el crecimiento hacia afuera vía el comercio exterior puede ser dinámico, pero no permite elevar el coeficiente tributario.

Adicionalmente, en México la liberalización comercial (nivel arancelario promedio del 13% según la OECD) ha sido acompañada de un proceso de sobrevaluación cambiaria (35%) y de una política industrial pasiva originando una desprotección neta a la planta nacional.

La liberalización comercial y la apertura lograron efectivamente eliminar el sesgo antiexportador del modelo ISI, pero generaron un nuevo sesgo proimportador del modelo IE.

La manufactura de ensamble y la industrialización

La industria exportadora se convirtió en una fuente importante del crecimiento económico durante la década de los noventa pero en los años recientes ha venido presentando un comportamiento menos dinámico principalmente en los primeros tres años del sexenio de Vicente Fox, asociado directamente con la desaceleración económica que enfrentó Estados Unidos en esos años.

El modelo industrial exportador, a pesar de haberse mostrado muy dinámico en los noventa ha presentado históricamente un muy bajo poder de arrastre interno, además en los últimos seis años ha mostrado un crecimiento por debajo del observado en la década de los noventa. Las exportaciones de manufacturas presentaron una tasa media de crecimiento anual (TMCA) de 15.9% entre 1990 y el año 2000, mientras que entre el 2001 y el 2006 crecieron a una tasa de 6.3%.

La continua apreciación cambiaria y la ausencia de una política industrial han favorecido las importaciones por lo que gran parte de las exportaciones manufactureras tienen cada vez un mayor contenido importado por un proceso de desarticulación de las cadenas productivas en la economía mexicana (desustitución ineficiente de importaciones),

En el 2006, las exportaciones de maquila fueron de 112 mil MDD pero el sector maquilador a su vez realizó importaciones por 82 mil md, por lo que la aportación neta del sector maquilador fue de 30 mil MDD.

La industria maquiladora después de más de 40 años de existencia (1965-2007) continúa siendo de manufactura de ensamble y no ha evolucionado como sí lo hizo en otros países.

Al cierre de 2006, 2 mil 800 establecimientos maquiladores empleaban a 1 millón 200 mil personas, el número de establecimientos ha venido disminuyendo, en 2001 eran 3 mil 630 establecimientos y en 2006 eran 2 mil 810, una reducción del 23% en cuanto al número. Sin embargo, el valor agregado y las remuneraciones pagadas aumentaron en términos reales en 20.4% y 6.1% durante este periodo mientras que el valor de las exportaciones de las maquiladoras lo hizo en 41%.

Por otra parte, en el año 2006, las exportaciones manufactureras de la industria no maquiladora representaron 91 mil md, con un alto contenido importado, producto de un proceso creciente de desarticulación de las cadenas productivas, que no ha permitido a las empresas incorporarse de manera indirecta a la fábrica mundial exportadora.

El modelo industrial exportador es dinámico pero con bajo poder de arrastre interno, pues de cada tres carros de ferrocarril que arrastra la locomotora exportadora, dos son de importación y sólo uno de contenido nacional. Esto es, además de la maquila, que por definición ha sido de manufactura de ensamble (no de paquete completo), el resto de la industria nacional ha venido tendiendo más hacia una industrialización de ensamble de alto contenido importado, ante la ausencia de una estrategia de competitividad vía articulación de las cadenas productivas en el mercado interno y una política de apreciación cambiaria durante más de diez año, producto de un modelo macroestabilizador cuyo único objetivo ha sido el control de la inflación.

El reto de México es desarrollar un modelo industrial exportador integral con mayor articulación productiva. En el contexto del actual modelo económico y de la globalización, ni la apertura ni la estabilización macroeconómica han sido suficientes –aún cuando fueron necesarios– para generar un crecimiento competitivo sustentable; tampoco lo fueron para establecer un modelo de industrialización exportador con capacidad de arrastre interno vía articulación de las cadenas productivas y para enfrentar y reducir las cuatro brechas del desarrollo: crecimiento, competitividad, empleo y equidad.

Otro elemento que ha jugado en contra de las exportaciones manufactureras mexicanas es el diferencial de la productividad entre México y Estados Unidos. En el periodo comprendido entre el año 2001 y el 2006, la productividad en la industria manufacturera aumentó 30% en Estados Unidos contra un 20.1% en México.

Entre 2001 y 2006, los salarios por hora medidos en dólares aumentaron 32% en México mientras que en Estados Unidos aumentaron 20%, este aumento de los salarios en las manufacturas también restó competitividad a las manufacturas mexicanas. Es importante mencionar que los salarios en el sector manufacturero son superiores al resto de la economía.

Todos los elementos mencionados anteriormente incidieron negativamente sobre el crecimiento de la producción manufacturera, y en particular de las exportaciones.

Derivado de lo anterior, la balanza comercial manufacturera ha registrado en años recientes un fuerte déficit. El déficit fue de 49 mil 850 millones de dólares (mdd) en 2006

El proyecto de industrialización a través de las exportaciones se quedó en la primera etapa de desarrollo, México se convirtió en un simple exportador de mano de obra, vía maquila o a través de la emigración de trabajadores. Para poder avanzar a una nueva fase de industrialización será necesario conjugar diversos instrumentos como son la política monetaria, la política industrial y la política educativa para que México pueda insertarse de manera exitosa en la senda del crecimiento económico a través de avances sostenidos en la competitividad.

3.3 Estructura de las Exportaciones Mexicanas

Las exportaciones mexicanas y, en general, el comercio exterior del país, presentan como principal característica la concentración. En efecto, las ventas al exterior están concentradas en productos, en empresas que las generan, en regiones del país de donde provienen y en mercados de destino.

Así, cerca del 30 por ciento de las exportaciones se concentran en 15 fracciones arancelarias; de acuerdo con INEGI, en tan sólo cinco entidades del país (DF, México, Puebla, Jalisco y Nuevo León) se concentra el 35% de los envíos de productos al exterior y el principal mercado destino (más del 80% de las exportaciones es Estados Unidos).

Estos cuatro tipos de concentración en el perfil exportador de México advierten la necesidad de buscar fórmulas para distribuir más ampliamente los buenos efectos del comercio exterior y traducirlos en bienestar generalizado al fomentar mayor incorporación de grupos sociales y regiones hasta ahora marginados.

Como se observa en la siguiente gráfica, entre 1993 y 2000 las exportaciones mexicanas presentan una tendencia de crecimiento muy importante impulsadas en mayor medida por la entrada en vigor del TLCAN. Sin embargo en 2001 se presentó una disminución considerable de las exportaciones debida a la situación económica mundial y en particular a la desaceleración de la economía estadounidense, desde ese año y hasta 2003 la tendencia es de estancamiento. Sin embargo a partir de 2004 se observa una franca recuperación en las exportaciones hasta llegar en 2008 a un total de más de 290 mil millones de dólares (292, 637 mdd).

EXPORTACIONES TOTALES DE MÉXICO 1993-2009*
(Millones de dólares)

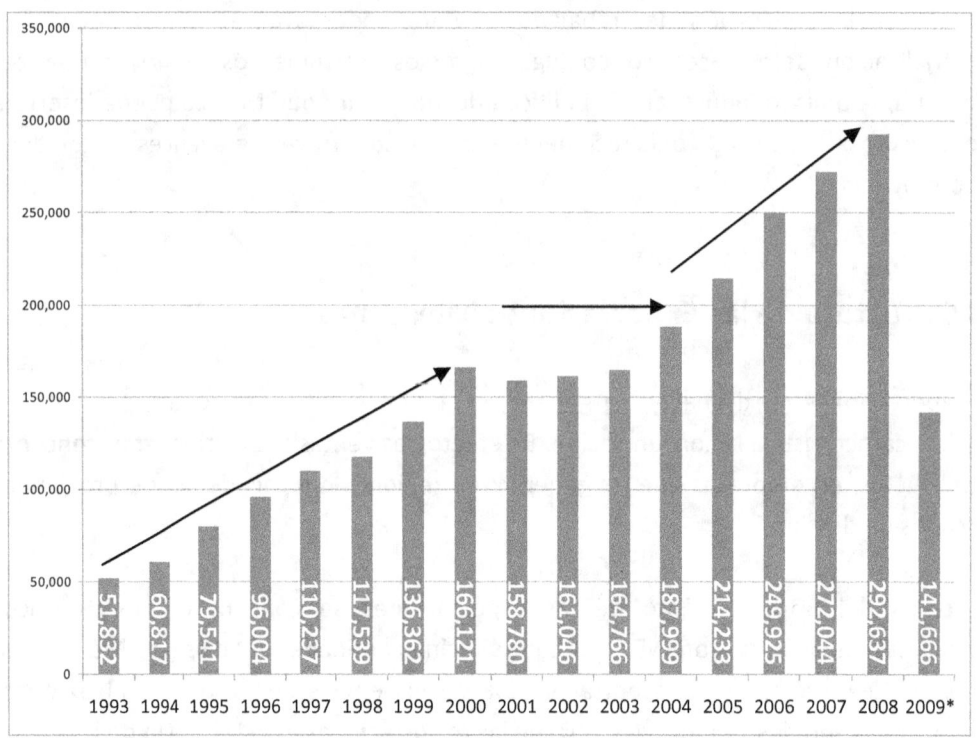

Fuente: Elaborado por CECIC con datos de Secretaría de Economía.

*Datos hasta agosto.

Gráfica 3.1

Como se observa en la siguiente gráfica, poco más del 80 por ciento de las exportaciones de México tienen como destino los Estados Unidos y aunque esta tendencia ha disminuido desde 2005, nuestro país continúa sin diversificar significativamente sus mercados (ver gráfica).

EXPORTACIONES TOTALES DE MÉXICO A LOS ESTADOS UNIDOS 1993-2009*
(Valor en Millones de dólares y Porcentajes)

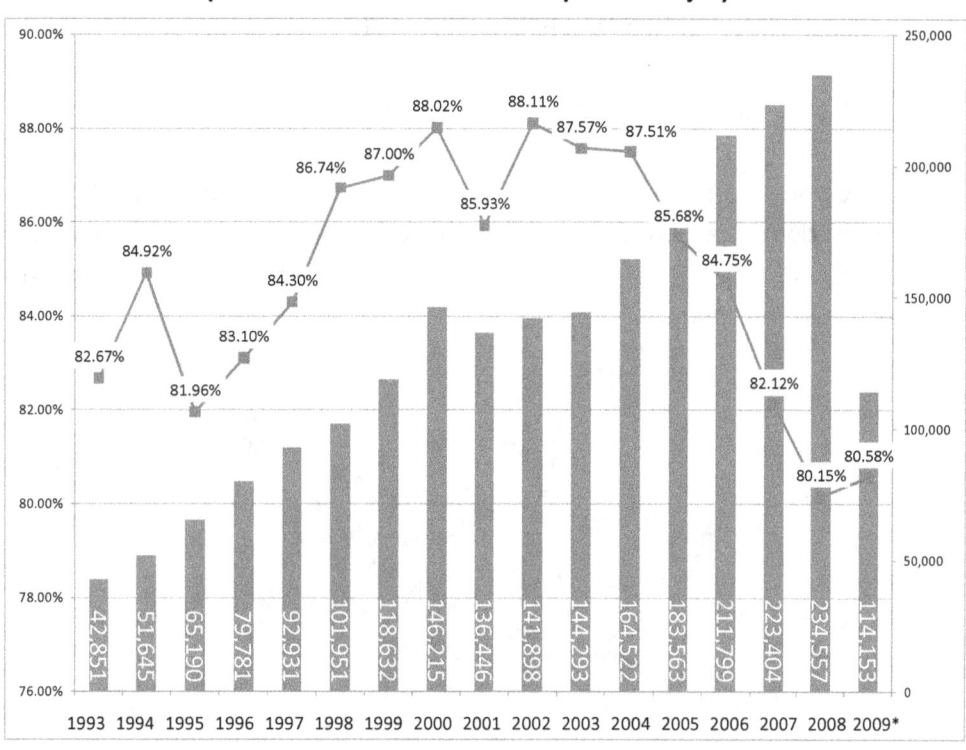

*Hasta Agosto

Fuente: Elaborado por CECIC con datos de Secretaría de Economía

Gráfica 3.2

Productos Exportados

A lo largo de las dos últimas décadas, la estructura de las exportaciones mexicanas se ha venido transformando para hacerse más diversificada y menos dependiente de unos cuantos productos, sin embargo el petróleo teniendo un peso específico muy importante. Así, para el año 2000 el grueso de las exportaciones (87.3%) correspondió a bienes manufacturados y solamente el 9.8% provino de las exportaciones petroleras, con el restante 2.9% repartido entre las exportaciones agropecuarias y las extractivas.

Sin embargo, el crecimiento de las exportaciones durante los últimos años, ha venido acompañado por cambios en su composición que indican una tendencia hacia la reducción en su diversidad, es decir, hacia la concentración de los ingresos por exportaciones en un número progresivamente menor de productos y un incremento de la participación del petróleo producto de los altos precios internacionales.

Así, tal como se observa en la siguiente gráfica, entre enero y octubre de 2009 la estructura de las exportaciones resultó como sigue: manufacturas 82.79 por ciento, productos petroleros 13.19 por ciento, bienes agropecuarios 3.40 por ciento y productos extractivos no petroleros 0.62 por ciento.

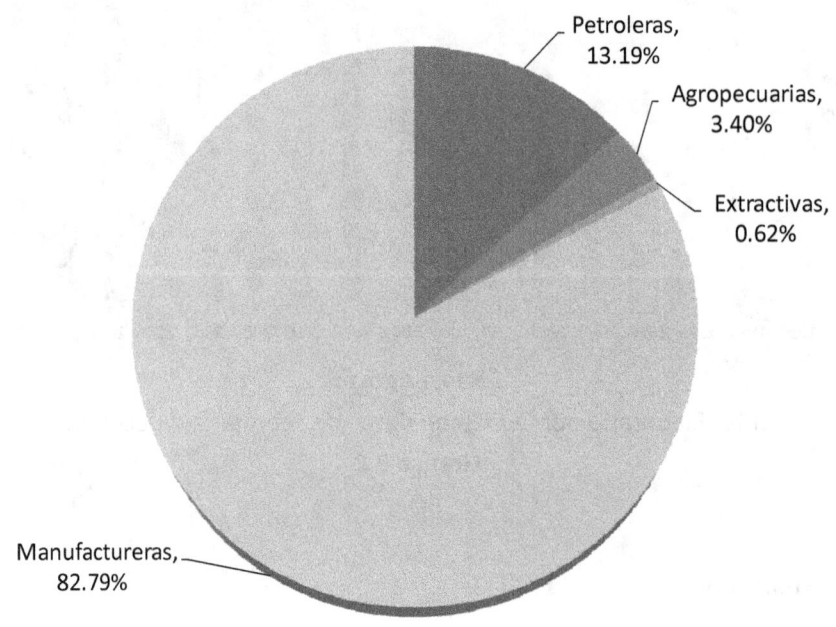

Fuente: Elaborado por CECIC con datos de INEGI.
Gráfica 3.3

PRINCIPALES 15 PRODUCTOS EXPORTADOS POR MÉXICO AL MUNDO
(Valor en Millones de dólares)

Lugar	Fracción	Descripción	2007 julio-diciembre	2008 enero-diciembre	2009 enero-agosto
1	2709.00.01	Aceites crudos de petróleo.	21,501,455,612	43,600,392,456	15,246,549,681
2	8528.72.06	Con pantalla plana, incluso las reconocibles como concebidas para vehículos automóviles.	10,070,441,253	18,141,190,743	9,320,515,943
3	8703.23.01	De cilindrada superior a 1,500 cm3 pero inferior o igual a 3,000 cm3, excepto lo comprendido en la fracción 8703.23.02.	7,946,683,759	16,126,399,336	6,148,541,115
4	8517.12.01	Aparatos emisores con dispositivo receptor incorporado, móviles, con frecuencias de operación de 824 a 849 MHz pareado con 869 a 894 MHz, de 1,850 a 1	3,703,978,723	8,570,557,896	6,168,015,695
5	8544.30.02	Arneses reconocibles como concebidos exclusivamente para uso automotriz.	2,378,751,829	4,252,089,121	1,628,249,666
6	8704.31.03	De peso total con carga máxima superior a 2,721 kg, pero inferior o igual a 4,536 kg, excepto lo comprendido en la fracción 8704.31.05.	1,635,157,454	3,327,338,471	1,801,882,469
7	8703.32.01	De cilindrada superior a 1,500 cm3 pero inferior o igual a 2,500 cm3, excepto lo comprendido en la fracción 8703.32.02.	1,185,985,842	2,818,835,669	1,219,730,462
8	8517.62.02	Unidades de control o adaptadores, excepto lo comprendido en la fracción 8517.62.01.	1,250,545,113	2,756,123,119	1,374,785,550
9	9401.90.01	Reconocibles como concebidas exclusivamente para lo comprendido en la fracción 9401.20.01.	1,510,859,837	2,634,044,829	1,092,265,211
10	8471.50.01	Unidades de proceso, excepto las de las subpartidas 8471.41 u 8471.49, aunque incluyan en la misma envoltura uno o dos de los tipos siguientes de unid	1,531,780,892	2,558,427,886	1,722,623,101
11	7108.12.01	Las demás formas en bruto.	873,437,361	2,539,306,879	2,022,237,631
12	8703.24.01	De cilindrada superior a 3,000 cm3, excepto lo comprendido en la fracción 8703.24.02.	1,389,130,644	2,393,177,238	691,373,312
13	8517.70.11	Las demás partes que incorporen al menos un circuito modular.	835,866,222	2,150,327,898	1,250,162,697
14	2710.11.01	Aceites minerales puros del petróleo, en carro-tanque, buque-tanque o auto-tanque.	834,523,801	1,921,903,813	523,171,249
15	8528.71.02	Receptor de microondas o de señales de vía satélite, cuya frecuencia de operación sea hasta de 4.2 GHz y máximo 999 canales de televisión.	994,212,428	1,859,987,590	751,997,762
		Subtotal	57,642,810,770	115,650,102,944	50,962,101,544
		Resto	86,474,764,307	176,986,400,864	90,703,959,681
		Exportaciones Totales	144,117,575,077	292,636,503,808	141,666,061,225

Fuente: Elaborado por CECIC con datos de Secretaría de Economía

Cuadro 3.1

La exportación de estos 15 productos al mercado mundial representa alrededor del 40 por ciento de las exportaciones totales de mercancías de México, como se observa en el cuadro las exportaciones se concentran principalmente en tres tipos de productos en petróleo (cap. 27); máquinas, aparatos y material eléctrico (cap. 85) y vehículos automotores (cap.87).

Empresas Exportadoras

Sin duda alguna, México es el país más global –en términos de ventas– de toda América Latina. Muchas de las empresas que a menudo son mencionadas como las principales exportadoras de América Latina mexicanas, al tiempo que las mismas acaparan alrededor de un 60% del valor total exportado. Indudablemente el peso de Pemex es uno de los factores principales de este dominio. Dominio, pero también están las automotrices, desarrolladas a la sombra del TLCAN. El resto se trata de en lo general de empresas que procesan materias primas y elaboran bienes de consumo generalizado o insumos intermedios.

Al igual que otras multinacionales generadas en países en desarrollo, empresas mexicanas como Bimbo, CEMEX, VITRO y Grupo Modelo se Internacionalizan a partir de productos basados en bienes primarios (alimentos, vidrio, cemento, bebidas) en cuya producción habían adquirido capacidades durante la "industrialización sustitutiva". Esto les da una particularidad frente a la oleada de IED originadas en los países desarrollados, las que están regularmente impulsadas por empresas generadoras de producto con alto contenido tecnológico y científico. Sin embargo, esto no implica que la actividad de estas empresas mexicanas tenga un carácter "atrasado" ya que para producir aquel tipo de bienes han desarrollado importantes historias de innovaciones y aprendizajes tecnológicos. Ello significa tanto eficientes adaptaciones de procesos y productos como la generación de tecnologías propias que las ubican en posiciones de liderazgo a nivel internacional dentro de las industrias donde operan. Asimismo, sus habilidades gerenciales, organizacionales y en la formulación de conductas estratégicas les ha permitido gestionar exitosamente la diversificación geográfica en su producción internacional así como adecuarse a los cambiantes escenarios económicos y financieros internacionales y nacionales[17].

---

[17] Garrido Celso, "Inversión Productiva de Grandes Empresas Mexicanas en Centroamérica y su Impacto Tecnológico en la Región", Noviembre, 2000.

En consecuencia, se trata de empresas altamente dinámicas y competitivas como lo confirma el hecho de que habiendo perdido el contexto proteccionista en el que se habían formado, esas compañías mantienen una elevada rentabilidad de cara a la competencia internacional[18].

En general, las empresas mexicanas iniciaron a partir de 1983 su evolución hacia los mercados extranjeros con una nueva presencia en las exportaciones del país. Esto se debió inicialmente a presiones externas de corto plazo generadas con la crisis de la deuda, pero también expresaba la necesidad que tenían estas empresas en cuanto a ampliar sus mercados debido al desarrollo alcanzado durante la Industrialización Sustitutiva de Importaciones (ISI) y al tamaño relativamente limitado del mercado interno. Sin embargo, después de 1988 ese comportamiento se combinó con la nueva lógica de la competencia global generada con la apertura y desregulación de la economía, lo que las indujo a ampliar su planta productiva. De una parte, en el país, para poder sostener tanto su oferta en el mercado interno como en el exterior, con lo que cual se marcaba una diferencia respecto al pasado, cuando la exportación había sido asumida por las empresas como una alternativa temporal frente a caídas del mercado interno. Junto con esta expansión de la inversión interna, estas grandes empresas impulsadas por la competencia internacional y las necesidades de crecimiento que esto plantea, se posicionaron en los mercados externos realizando inversiones directas.

Esto se había manifestado ya en la primera mitad de los setenta, cuando estas empresas comenzaron a explorar la exportación de sus productos, como lo sugiere el incremento de productos manufactureros en las ventas al exterior durante ese período. Sin embargo, en esa etapa la conducta exportadora de estas empresas aparecía más como resultado de compensar caídas en el mercado interno que como una orientación sostenida para tener presencia comercial en otros mercados. Eso se hizo evidente cuando dicha tendencia exportadora llegó a revertirse en términos absolutos en 1982, al culminar la expansión del mercado interno generada por el llamado "auge petrolero" de fines de la década[19].

---

[18] Glen, Singh y Matthias, 1999.
[19] Garrido Celso, "Inversión Productiva de Grandes Empresas Mexicanas en Centroamérica y su Impacto Tecnológico en la Región", Noviembre, 2000.

3.4 Desindustrialización: Manufactura estancada

La desindustrialización se define como la pérdida sostenida de participación de la industria manufacturera en el PIB y el descenso en el empleo manufacturero como parte del empleo total. La desindustrialización *per se* no es un fenómeno negativo, en los países avanzados ha surgido como una consecuencia natural del dinamismo industrial y es un proceso que ha estado presentándose en todas las economías avanzadas, inclusive las dinámicas economías del este asiático se encuentran inmersas en un proceso de desindustrialización.

En México, el empleo en las manufacturas constituye hoy en día una fracción mucho menor del empleo total de lo que representaba hace siete años y la participación de la industria manufacturera en el PIB también se ha estado reduciendo.

El factor que más incide sobre la desindustrialización es la tendencia sistemática de que la productividad en la industria manufacturera crece más rápido que en los servicios. La otra cara de la desindustrialización ha sido un incremento continuo en la participación del empleo en los servicios.

La desindustrialización no es necesariamente un síntoma de que el sector manufacturero o la economía en su conjunto se encuentren mal. Al contrario, la desindustrialización es el resultado natural de un proceso de desarrollo económico exitoso, y en general está asociado a la mejora de los niveles de vida de la población.

En ocasiones, tal como sucedió en México, la desindustrialización ha estado asociada a problemas en la industria manufacturera derivados de la constante apreciación del tipo de cambio y de la ausencia de una política industrial. En el caso mexicano, el sector servicios no ha podido absorber a los trabajadores expulsados de la industria, por lo que la desindustrialización mexicana ha estado más asociada al desempleo y a la caída de los niveles de vida.

Un elemento que se debe tener en cuenta al hablar de desindustrialización es la subcontratación, cuando las empresas deciden realizar parte de su producción a través del *outsourcing* ésta se contabiliza en las cuentas de servicios.

La industria manufacturera es en general tecnológicamente progresiva, la producción puede estandarizarse fácilmente por lo que la información necesaria para la producción puede formalizarse en un conjunto de instrucciones que pueden reproducirse fácilmente. En el caso de los servicios es muy difícil estandarizar, particularmente en los servicios personales, por lo que no es posible producirlos en masa, de ahí que la productividad en los servicios avanza a un ritmo menor que en la industria manufacturera.

La reducción en la proporción de trabajadores en el sector manufacturero es muy similar al proceso que se dio en el campo, de manera progresiva, un menor número de personas producían una mayor cantidad de bienes. Una implicación teórica de esta tesis es que la productividad agregada de la economía crece a menores tasas a medida que los trabajadores emigran al sector de los servicios que es menos eficiente y en el que además se pagan salarios menores por lo que la desigualdad del ingreso aumenta.

El proceso de desindustrialización es consistente con la tendencia de los consumidores medios a consumir una parte creciente de su ingreso en servicios a medida que su demanda de bienes va siendo cubierta.

El argumento tradicional de la desindustrialización ha sido la competencia de los bajos salarios en los países en desarrollo pero de acuerdo a un estudio del Fondo Monetario Internacional (FMI)I[20], la desindustrialización es una consecuencia natural de desarrollo económico en los países más desarrollados y está asociada al crecimiento más rápido de la productividad en las manufacturas que en los servicios.

Desindustrialización → desarrollo económico → patrón de comercio exterior

La orientación exportadora que se dio a la industria manufacturera, la falta de encadenamientos productivos de las empresas exportadoras con el resto de la industria y la falta de una política industrial de Estado hizo que México entrara en un claro proceso de desindustrialización como se ilustra en la siguiente gráfica.

---

[20] Rowthorn, Robert and Ramaswamy, Ramana. (1997). *Deindustrialization: Causes and Implications.* IMF Research Department.

PARTICIPACIÓN DEL PIB MANUFACTURERO EN EL PIB TOTAL

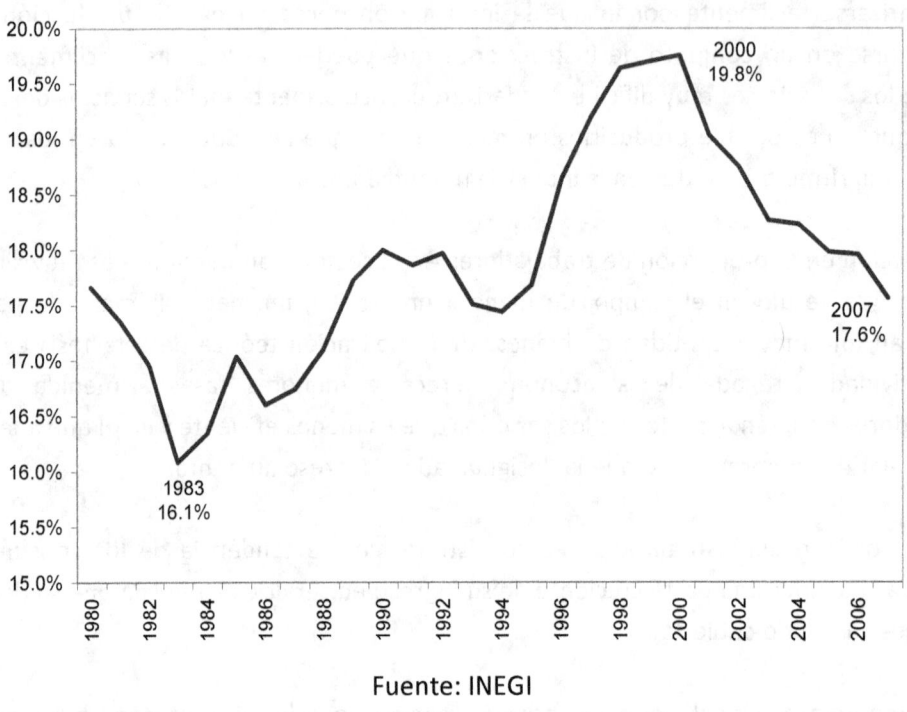

Fuente: INEGI

Gráfica 3.4

Este proceso de desindustrialización se observa también en el empleo, en la siguiente gráfica se muestra el número de trabajadores asegurados en la industria manufacturera que reporta el IMSS. Entre 2000 y 2007 el número de trabajadores asegurados en este sector decreció a una tasa media de -1.2% anual.

TRABAJADORES ASEGURADOS EN LA INDUSTRIA MANUFACTURERA
COMO PROPORCIÓN DEL TOTAL

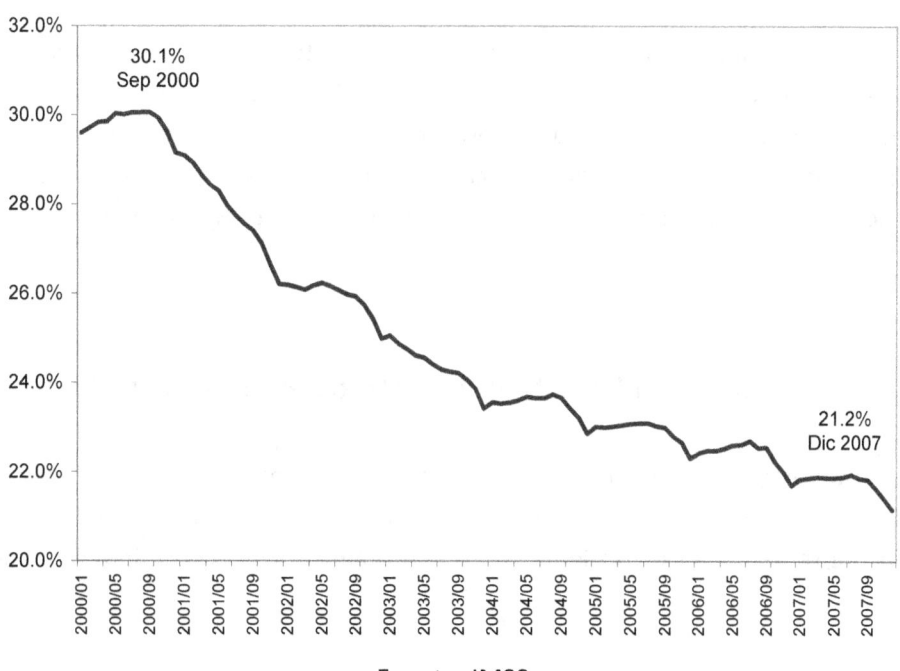

Fuente: IMSS
Gráfica 3.5

En las economías más avanzadas, este proceso de desindustrialización es un fenómeno que también se ha presentado una vez que se alcanza cierto nivel de PIB per cápita, en el caso de México este proceso ha ocurrido para niveles de producto per cápita comparativamente muy bajos con respecto a los países industrializados. La evidencia empírica internacional señala que niveles más altos de participación industrial en el PIB están asociados a incrementos en el ingreso per cápita (Perkins 2001).

A medida que la industrialización avanza en un país y se constituye como el principal motor de crecimiento, su participación en el PIB va aumentando gradualmente pero esta participación creciente de la industria no aumenta de manera indefinida, cuando los países llegan a niveles de ingreso per cápita superiores a los 10 mil dólares, la participación comienza a declinar a medida que las economías avanzadas pasan de la manufactura hacia servicios industriales más modernos.

Para que la industria pueda convertirse en verdadero motor del crecimiento es necesario que existan suficientes encadenamientos sobre el resto de la economía.

Los flujos de divisas que entraron a México en años recientes procedentes del extranjero vía remesas, inversión extranjera y por la venta de petróleo se combinaron con una política monetaria equivocada que permitió una fuerte sobrevaluación del peso lo que ha impulsado el déficit de la balanza comercial al encarecer nuestras exportaciones y abaratar las importaciones. Con respecto a 1995, el peso se encuentra sobrevaluado frente al dólar en 35%.

3.5 Inversión Extranjera Directa y sus efectos en el desarrollo del país

De manera general, se podría pensar que los flujos de IED han sido positivos para México por el impacto directo que tienen sobre el sector productivo pero en un análisis más detallado[21] se revelan cuatro consideraciones importantes que no permiten sostener dicha afirmación.

El encadenamiento entre las grandes empresas receptoras de IED y la industria local pequeña y mediana ha sido muy débil, las empresas multinacionales están pobremente conectadas con la industria manufacturera doméstica. La IED no ha contribuido de manera global a la formación bruta de capital fijo, más bien ha generado una división entre un sector exportador ligado a la IED y un sector nacional de pequeñas empresas concentradas en el mercado doméstico. La IED en México se concentró en la plataforma exportadora limitando el proceso de industrialización doméstico además de polarizar las diferencias regionales al dejar a la región sur fuera del alcance de la IED.

La industria doméstica se debilitó por la adiquisición de insumos importados y por la competencia de las empresas receptoras de IED, el alto contenido importado de las exportaciones mexicanas se incrementó debido al desplazamiento y al cierre de empresas nacionales que producían tanto para el mercado local como para el exterior pero no fueron capaces de competir frente a las empresas multinacionales. En relación al alto contenido

---

[21] Pacheco-López, Penélope. *Foreign Direct Investment, Exports and Imports in Mexico*. Department of Economics University of Kent, 2004.

importado de las exportaciones, la participación de la industria maquiladora en el total de las exportaciones ha sido motivo de preocupación, en el 2006 la maquila participó con el 55% del total de las exportaciones de bienes manufacturados desde México para lo cual utilizó solamente el 2% de insumos hechos en México. Este flujo neto de divisas derivado de este tipo de exportaciones difícilmente puede servir para financiar la importación de los bienes que requiere México para su avance tecnológico.

Los acuerdos asociados con la inversión extranjera en el marco del TLCAN eliminaron de manera efectiva la capacidad del gobierno mexicano para proteger la industria nacional. Debido a la liberalización financiera y del comercio incluida en el TLCAN, no es posible aplicar estrategias industriales y comerciales para una estrategia de desarrollo orientada al exterior que pueda garantizar un balance entre el crecimiento de las exportaciones y de las importaciones sin restringir el crecimiento del producto en el largo plazo. Existe evidencia suficiente de que el crecimiento de México se encuentra restringido por la balanza de pagos, esta restricción se ha intensificado como consecuencia de la liberalización del comercio. A pesar de que el TLCAN ha funcionado como catalizador de la atracción de la IED y como impulsor de las exportaciones, también ha generado serias dificultades para el desarrollo económico del país.

Debe tenerse en cuenta también que los flujos de IED asociados con las fusiones y adquisiciones tienen solamente, si acaso, un impacto limitado sobre la producción o el sector comercial, este tipo de IED es una contribución de una sola vez sobre el intercambio de divisas en la economía. Por ejemplo, la adquisición de Banamex por Citicorp en el 2001 representó el 50 por ciento de los flujos de IED de ese año pero no tuvo un impacto significativo sobre la producción o las exportaciones.

En el marco del TLCAN se confeccionó un capítulo específico para asegurar el libre flujo de inversiones entre los países de la región. Gracias al TLCAN, la Inversión Extranjera Directa ha registrado importantes crecimientos. Si bien Estados Unidos y Canadá son los principales países inversionistas en México, una quinta parte de la Inversión Extranjera Directa proviene de la Unión Europea, la IED se ha concentrado en el sector manufacturero y geográficamente se ha concentrado en el Distrito Federal y en la región fronteriza asociada a la actividad maquiladora.

Entre 1994 y 2007, la inversión extranjera directa proveniente de la región TLCAN representó el 61% del total.

INVERSIÓN EXTRANJERA DIRECTA PROVENIENTE DE LA REGIÓN TLCAN

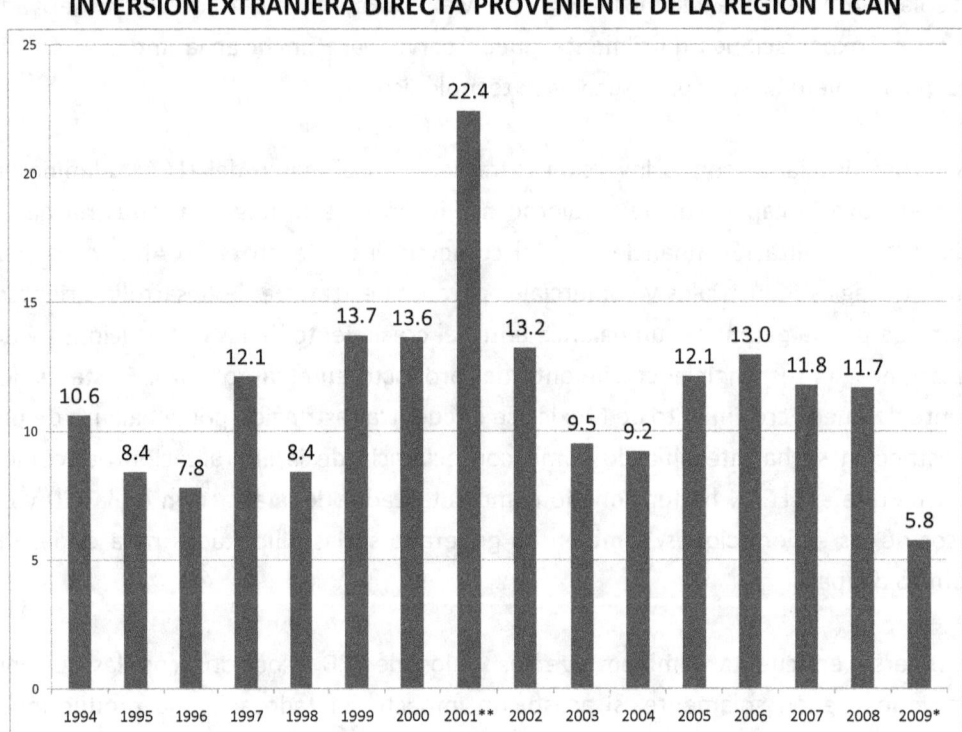

Fuente: Elaborado por CECIC con datos de la Secretaría de Economía.
*Datos hasta septiembre.
** Incluye venta de Banamex.
Gráfica 3.6

Entre 1994-1999 la puesta en marcha del TLCAN, aunado a la crisis económica de 1994-1995, impulsó la inversión hacia el sector industrial, sobre todo en la forma de establecimientos maquiladores, así como las exportaciones. Si bien la zona norte continúo siendo la más favorecida, se acentuó también su proceso de dispersión territorial iniciado años atrás, hacia el centro y sur del país, en tanto que el área central continuó con un descenso en su participación.

En 1994 entraba en efecto el TLCAN y la IED estaba en el centro de la estrategia de desarrollo mexicana. Los años 90 registran niveles sin precedentes de IED a nivel mundial. Y en este marco de grandes inversiones, México tuvo una posición privilegiada, alcanzando el tercer lugar entre los países en desarrollo que atrajeron más IED en el período, después de China y Brasil. Entre 1994 y 2002 México recibió 12.000 millones de dólares de promedio anual. Paralelamente, en el ámbito interno, el gobierno logró condiciones económico-sociales que asegurarían la estabilidad interna, reduciendo el déficit fiscal y controlando la inflación tanto a través de una política monetaria restrictiva como del compromiso de empresarios y trabajadores de no aumentar los precios ni presionar por aumento de salarios.

En un estudio realizado por Kevin Gallagher y Lyuba Zarsky[22], se analizaron los efectos de la inversión extranjera directa (IED) sobre el sector manufacturero en México desde 1994, con la plena vigencia del TLCAN, hasta el 2000, en el que señalan lo siguiente:

La llegada de capitales tendió a concentrarse en los alrededores de la ciudad de México y la frontera con Estados Unidos, asociada a las maquilas. Las manufacturas y los servicios financieros se llevan casi el 75 por ciento de los flujos de IED entre 1994 y 2002, mientras que la agricultura, minería y construcción no alcanzan cada una al uno por ciento. El origen de la inversión estuvo esencialmente en Estados Unidos (alcanzando el 67 por ciento del total desde 1994), y en su mayor parte estuvo orientada al sector manufacturero (a excepción del 2001 donde Citygroup compró Banamex).

A consecuencia de los grandes flujos de inversiones, las exportaciones más que se triplicaron. Sin embargo, el crecimiento de las importaciones fue aún mayor que el de las exportaciones y, por otro, el plan de estabilización basado en un ancla nominal cambiaria para controlar la inflación derivó en un peso sobrevaluado, contribuyendo así a la pérdida de competitividad y aumentar el déficit de la cuenta corriente. Estos factores demuestran que la estrategia emprendida no era sustentable en el largo plazo.

---

[22] Kevin P.Gallagher y Lyuba Zarsky, "Rethinking Foreign Investment for Development" Post-autistic economics review, No. 37, 28 abril 2006,pp.10-32, http://www.paecon.net/PAEReview/issue37/GallagherZarsky37.htm

La inversión hacia las maquilas, y las propias industrias ya instaladas, sufren ahora la competencia de la mano de obra de China, donde los salarios son todavía más bajos y las condiciones de trabajo muy deficitarias

El estudio de Gallagher y Zarsky concluye que de los dos tipos de objetivos planteados por los gobiernos mexicanos en los años 90, por un lado incrementar los flujos de IED y consecuentemente las exportaciones manufactureras, y por otro, de desarrollo industrial sustentable, sólo se alcanzó el primero. El modelo de desarrollo basado en la dependencia en los flujos de inversiones y en las exportaciones es vulnerable a la inestabilidad financiera y pérdida de competitividad. El Estado pierde buena parte de su capacidad de maniobra sin lograr alcanzar siquiera los objetivos económicos que proclamaba.

La IED en México se ha convertido en impulsora del desarrollo pero de manera diferenciada tanto sectorial como regionalmente, a partir de la entrada en vigor del TLCAN la industria maquiladora recibió un fuerte impulso y desde una perspectiva más amplia, la industria de la transformación se convirtió en la principal receptora de IED desde 1994. La zona fronteriza, el DF y el Estado de México concentraron el 89% de la IED entre 1994 y 2009 por lo que los beneficios potenciales de la IED no han podido generalizarse a todo el país, es muy claro que la IED responde a las necesidades de las empresas multinacionales por lo que solamente debe contemplarse como una de las palancas del desarrollo pero no como la central.

Desde 1994, cada socio del TLCAN ha experimentado flujos de comercio e inversión más altos. A través de la reducción de los aranceles y las barreras comerciales, este acuerdo ha promovido el comercio entre los tres países. Otro importante beneficio del TLCAN ha sido el incremento en la capacidad productiva: toda vez que 90% de los productos que México importa de sus socios TLCAN son bienes intermedios (insumos o materias primas) y de capital (como máquinas y herramientas) que contribuyen a la producción y exportación de mercancías mexicanas de mejor calidad y a menores precios. La apertura comercial obtenida con el TLCAN, ha creado mayores oportunidades de hacer negocios y generado mayores flujos de inversión. Esto ha permitido a más competidores de los tres países participar en el mercado de América del Norte.

Si bien los flujos de IED aumentaron a partir de la entrada en vigor del TLCAN, su participación como proporción del PIB no aumentó significativamente, en el periodo 1994-2008, el promedio de IED recibida como proporción del PIB fue de 2.83%.

INVERSIÓN EXTRANJERA DIRECTA COMO PROPORCIÓN DEL PIB 1994-2008

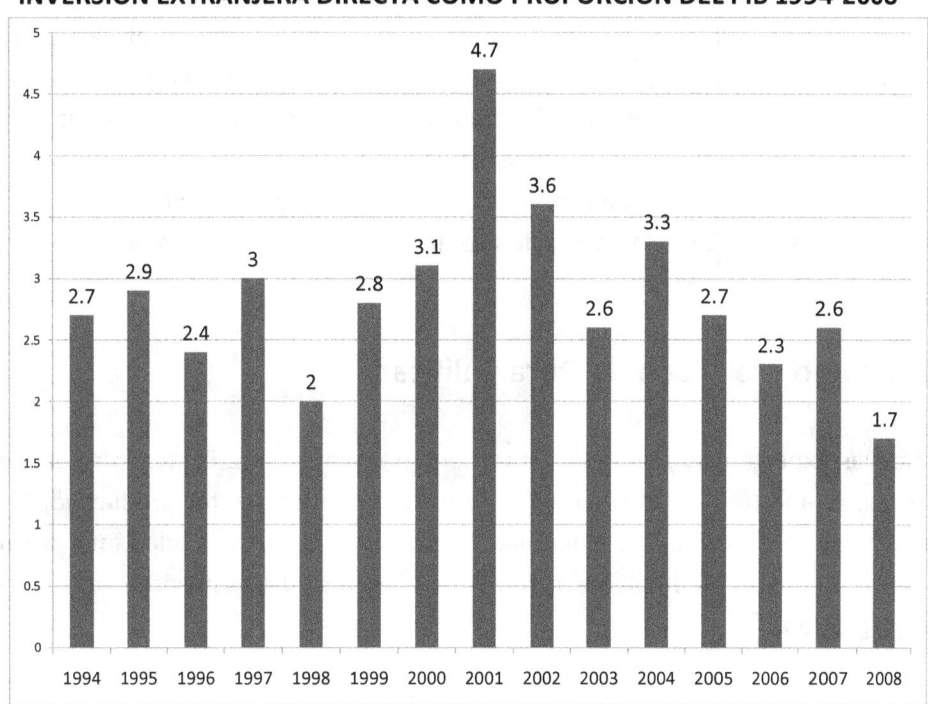

Fuente: Elaborado por CECIC con datos de la Secretaría de Economía.
Gráfica 3.7

El hecho de que México esté integrado comercialmente en la zona del TLCAN le permitirá seguir siendo un destino atractivo para la IED tal como lo muestra la encuesta más reciente de la UNCTAD[23] en la que el 14% de los encuestados señalaron que uno de los atractivos de México como destino de IED se debía al acceso al mercado regional, los otros argumentos que sostienen a México como el 9º destino de IED para el periodo 2007-2009 de acuerdo a

---

[23] United Nations Conference on Trade and Development, World Investment Prospects Survey 2007–2009, United Nations, New York and Geneva, 2007.

la citada encuesta son: mano de obra calificada, bajo costo de la mano de obra, crecimiento del mercado local, efectividad del gobierno y un ambiente macroeconómico estable.

En resumen, los flujos de IED en México a partir de la entrada en vigor del TLCAN han tenido efectos diferenciados sobre la economía al concentrarse en ciertos sectores y en regiones específicas. Si bien la IED en términos nominales se ha mantenido en niveles elevados, la participación como proporción del PIB se ha mantenido alrededor del mismo nivel que tenía en 1994. La IED se concentró en la industria exportadora, principalmente en la maquila lo que generó un sesgo en contra de la industria nacional. El TLCAN ha permitido apalancar la entrada de IED a México debido a que muchos de los inversionistas extranjeros ven un gran potencial en nuestro país por la integración comercial con el resto de América del Norte.

3.6 El Empleo y la Mano de Obra Calificada

Dentro de las expectativas generadas en torno al tratado de libre comercio se encuentra el esperar que la apertura comercial impactara directamente al sector productivo, mediante una mayor industrialización, incrementando los niveles de productividad, que permitieran reducir al desempleo, sub empleo e incrementar el ingreso de los mexicanos, reduciendo el nivel de migración.

Sin embargo, la realidad nos muestra que los resultados fueron diferentes, ya que aún no se ha logrado crecer de tal forma que se generen los empleos suficientes y bien remunerados para que los mexicanos no tengan que incorporarse a la economía informal o emigrar, del campo a la ciudad y fuera del territorio nacional. Adicionalmente, es necesario contemplar que el tratado por si mismo no es una herramienta de fomento directo al sector industrial en general, sino un facilitador del intercambio comercial y por lo tanto de la industria de exportación.

La dinámica del Empleo: Creación y Necesidades

La generación de empleos de calidad bien remunerados es uno de los grandes retos para la consolidación del desarrollo económico equitativo. En nuestro país, esta meta no se ha cumplido; en los últimos siete años se han generado cerca de cinco millones de nuevos empleos principalmente en de carácter informal y los nuevos empleos formales que se generan son en su mayor parte eventuales.

A pesar de que la economía mexicana ha logrado la estabilidad macroeconómica, esto no se ha reflejado en una tasa de crecimiento que permita la generación de empleos suficientes para absorber al creciente número de jóvenes que se incorporan al mercado laboral. La dinámica del crecimiento de la población en México ocasiona que cada año alrededor de 1 millón 200 mil jóvenes busquen incorporarse a la vida productiva nacional, mediante empleos. Sin embargo, las plazas de trabajo creadas no son suficientes.

Del año 2000 al 2007 se han generado 4.9 millones de empleos, al mismo tiempo que se han incorporado 5.4 millones de personas en edad de trabajar al mercado laboral (población económicamente activa (PEA)), quedando más de medio millón de personas sin empleo, a lo cual hay que sumarle el rezago anterior. En este período se ha presentado un incremento en las fuentes de trabajo del sector informal en el 2007 alcanzaron los 11 millones 600 mil personas empleadas, lo cual muestra la incapacidad de la economía formal para crecer de manera dinámica y crear la fuentes de trabajo necesarias.

Es importante mencionar que de cada diez personas que encontraron trabajo en este período, 7 lo se emplearon en el sector formal y los tres restantes se vieron obligados a buscar una actividad alternativa en el sector informal, en el mejor de los casos, ya que la ausencia de oportunidades de empleo crea condiciones que fomentan las actividades ilícitas en la búsqueda de asegurar un ingreso.

La razón principal de este fenómeno descansa en la reducida capacidad del modelo económico para generar y sostener un crecimiento del Producto Interno Bruto (PIB) por arriba del 5 por ciento a fin de crear los empleos productivos que la población en edad de trabajar demanda. Se estima que por cada punto porcentual que se incrementa el PIB nacional se generan 136 mil plazas dentro de las actividades formales, lo que implica que por cada punto porcentual que no se crece se cancela la posibilidad de crear estos empleos[24].

En este contexto, es fundamental enfatizar que el tratado de libre comercio contemplaba como objetivo crear un marco normativo que impulsará el desarrollo de las industrias con orientación a la exportación como es el caso de las manufacturas. Así, para contar con un panorama general del impacto en el empleo del TLCAN, es necesario evaluar el desempeño de los sectores asociados a la exportación. Así, las exportaciones de manufacturas en el 2006 representaban el 81% del total, de las cuales la industria maquiladora es la más importante al generar el 45% de las exportaciones totales.

Es importante mencionar que en 1995 de los 36.2 millones de personas en edad de trabajar que quieren hacerlo, que clasificados como población económicamente activa (PEA), 34.4 millones estaban ocupados; sin embargo, la industria manufacturera empleaba a sólo un millón 300 mil personas, que representa el 3.7% del empleo total, por lo que no era el principal generador de empleo. Así, la entrada en vigor del Tratado de Libre Comercio de América del Norte, no convirtió a la industria manufacturera en motor del empleo, ya que no lo era.

Sin embargo, el desempeño del sector en los últimos años, ha mostrado una pérdida de su posicionamiento como motor de desarrollo, ya que a pesar del crecimiento en la población económicamente activa y la ocupada, así como al de la economía en general, el empleo en las manufacturas no se ha incrementado, Así, para el año 2008 emplea al mismo número de personas uno millón 300 mil, que sólo representan el 2.9% del personal ocupado total.

---

[24] Banco de México, "Informe de Inflación y Programa Monetario 2008".

EMPLEO TOTAL Y DE LA INDUSTRIA MANUFACTURERA, 1995-2008

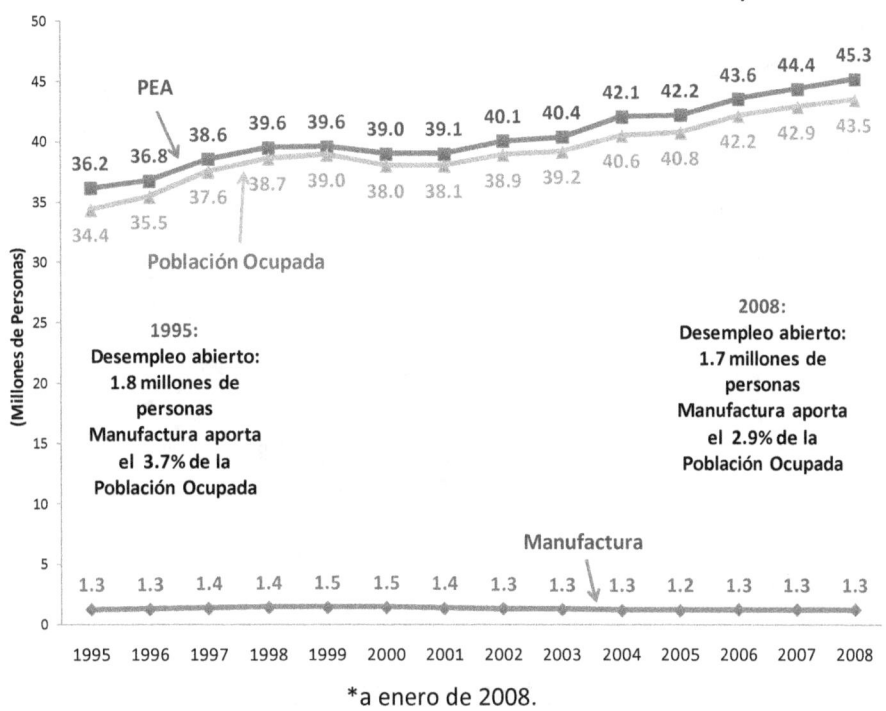

*a enero de 2008.

Fuente: Elaboración propia con base en Encuesta Industrial Mensual, INEGI.

Gráfica 3.8

Desde 1995 el dinamismo del empleo de está industria ha presentado un crecimiento bajo, ya que en general sus tasas de crecimiento no han superado el 5.6% alcanzado en 1997, en cambio en un mayor número de años se han presentado decrecimientos, los cuales dan una tasa media de crecimiento anual de 0.73%, que muestra la limitada capacidad del sector para crear empleos.

DINÁMICA DEL EMPLEO EN LA INDUSTRIA MANUFACTURERA, 1995-2008

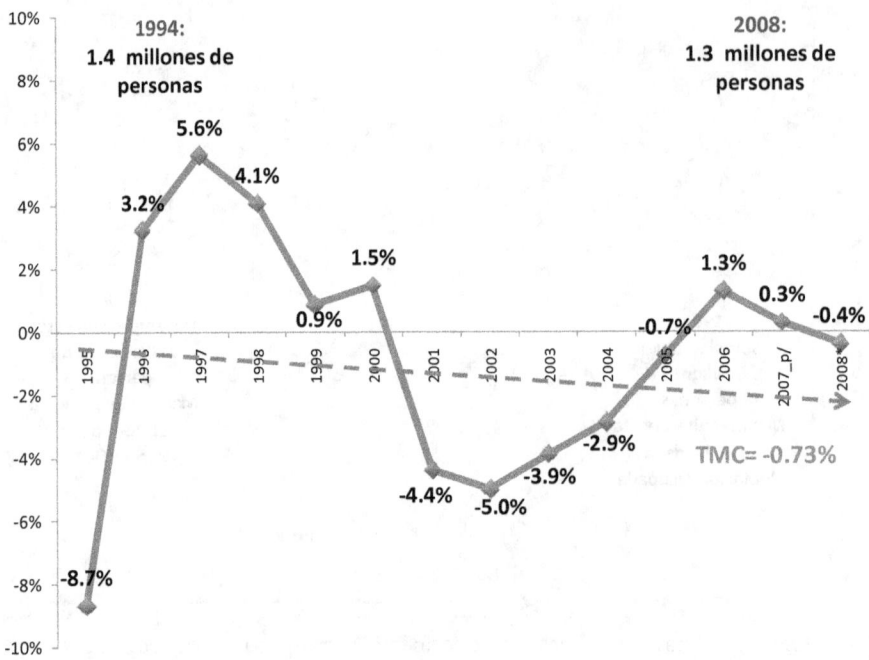

*a enero de 2008.
Fuente: Elaboración propia con base en Encuesta Industrial Mensual, INEGI.
Gráfica 3.9

Tomando en cuenta que el Tratado del Libre Comercio de América del Norte formó parte de la estrategia de apertura de la economía nacional, se observa que la industria maquiladora de exportación desde 1984 había iniciado un proceso de expansión reflejado en la creación de puestos de trabajo. A partir del año 1994 este crecimiento se potenció hasta alcanzar su nivel máximo en el año 2000, cuando empleo a 1.29 millones de personas, después de este año empezó a perder dinamismo, pero continuo creciendo al contrario de lo que paso con la industria manufacturera en general. Así, en el año 2006, cuando se término la aplicación de este régimen, empleó a 1.2 millones de personas.

EMPLEO EN LA INDUSTRIA MAQUILADORA DE EXPORTACIÓN, 1980-2006

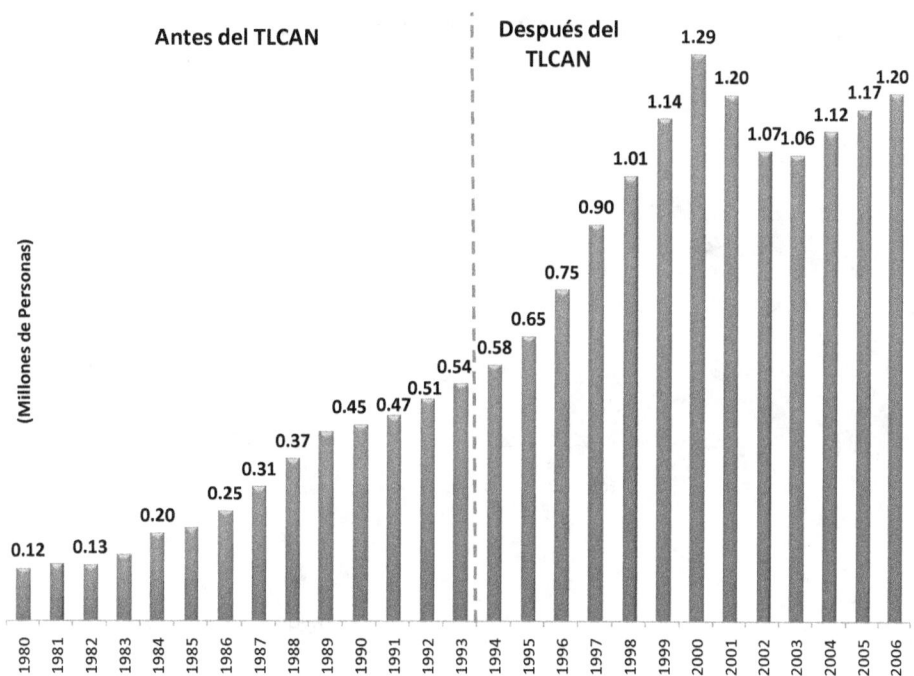

Fuente: Elaboración propia con base en Estadística de la Industria Maquiladora de Exportación, INEGI.

Gráfica 3.10

El crecimiento del empleo en esta industria ha sido constante, alcanzando desde la entrada en vigor del TLCAN un crecimiento promedio anual de 6.2%, que supera en gran medida al presentado en la industria manufacturera. El crecimiento de la maquila de exportación se vio perturbado sólo del 2001 al 2003, lo cual le permito en 12 años duplicar el empleo generado.

DINÁMICA DEL EMPLEO EN LA INDUSTRIA MAQUILADORA DE EXPORTACIÓN, 1994-2006

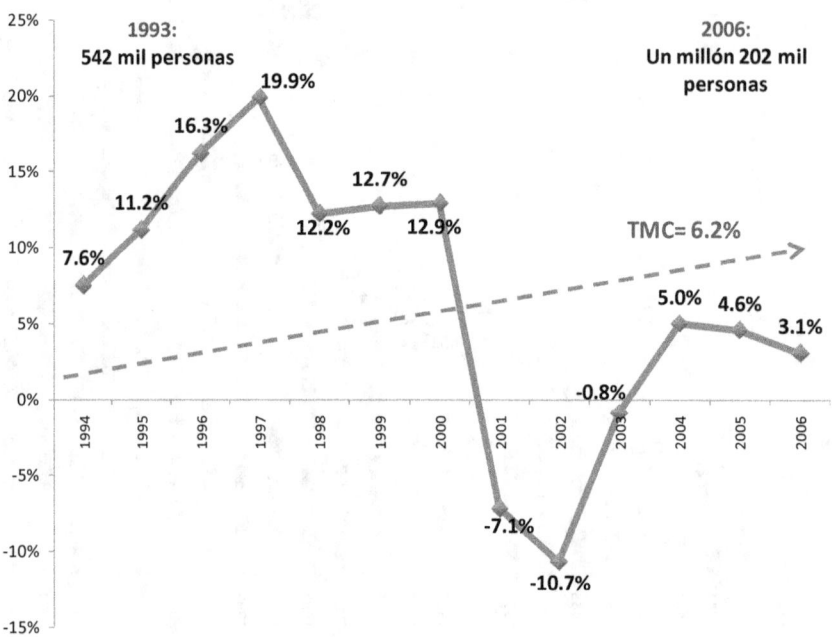

Fuente: Elaboración propia con base en Estadística de la Industria Maquiladora de Exportación, INEGI.

Gráfica 3.11

En este sentido, como resultado del lento crecimiento de la economía, solamente se generaran el 64.6% de los empleos necesarios, el resto de la población esta desempleada o en actividades informales. La economía informal se ha convertido en otro de los elementos fundamentales para el país, debido a que hasta el momento ha sido la válvula de escape para el problema de la falta de creación de empleos, ya que de otra forma en este 2008 más de 13 millones de personas estarían desempleadas y en la búsqueda de un ingreso para poder sobrevivir. Esto implicaría que de cada 10 personas que quieren y necesitan trabajar tres no tendrían una oportunidad de hacerlo y por lo tanto no contarían con ningún ingreso para garantizar su subsistencia.

Se estima que en el 2008 la economía mexicana presente tasas de crecimiento entre el 2 y 2.8%, esto implica que se estarían generando únicamente alrededor de 620 mil empleos (136 mil menos que el año pasado), donde sólo 7 de cada diez plazas se crearán en el sector formal, aumentando el problema del desempleo a 13 millones 600 mil personas sin

El TLCAN II y la Competitividad Regional: De la Integración Comercial a la Integración Productiva
Lecciones para América Latina

ocupación o en el sector informal. Esto implica enormes retos y compromisos con la sociedad que no se pueden enfrentar con un crecimiento del PIB menor a 3% y generando menos de 620 mil empleos que sólo representan el 5% de la solución.

Calidad del Empleo: los Salarios Reales y el Subempleo

El empleo es uno de los elementos más importantes para el bienestar social de los individuos y su peso es tal que en la Constitución Política de los Estados Unidos Mexicanos en el Artículo 123 se establece que "Toda persona tiene derecho al trabajo digno y socialmente útil...Los trabajadores deberán disfrutar de salarios mínimos...que deberán ser suficientes para satisfacer las necesidades normales de un jefe de familia, en el orden material, social y cultural, y para proveer a la educación obligatoria de los hijos". A esto se le agrega una serie de derechos laborales como el reparto de utilidades, pago de horas extra, adiestramiento para el trabajo, responsabilidad en aspectos de salud y de seguridad social.

A pesar de este marco normativo que procura velar por un nivel de vida aceptable, al 2008 no se ha logrado consolidar un nivel de bienestar para la mayor parte de la población en base la creación de empleos con salarios que permitan satisfacer sus necesidades y mucho menos con las prestaciones de seguridad social básicas marcadas en la constitución y que son resultado de un proceso histórico de justicia social.

En los últimos años, al contrario de lo esperado se ha presentado un declive en la generación de empleos por lo cual las personas se ocupan a actividades informales. Sin embargo, entre los pocos empleos generados (incluyendo el sector formal e informal) sólo 6 de cada 10 cuenta con prestaciones de seguridad social como es el IMSS. Este aspecto puede considerarse como un indicador de la calidad de los empleos, ya que entra en el rubro de prestaciones sociales básicas establecidas en la constitución, por lo que se infiere que las personas ocupadas que no cuentan con él, es poco probable que cuenten con algún otro tipo de prestaciones, a pesar de ser establecidas en la ley.

Así, en México la mayor cantidad de los trabajadores que forman parte del personal ocupado en el sector formal no contó con prestaciones como la seguridad social; en el año 2007 sólo 5 de cada 10 personas que se ocuparon en el sector formal contaban con ella, situación que prácticamente no ha cambiado desde el año 2000. Lo cual implica que el modelo de crecimiento económico a pesar de no crear empleos tampoco cuenta con la capacidad de que los pocos que se crean sean de calidad, ya que resulta alarmante que la mayor parte los empleados no cuenten con condiciones básicas de prestaciones y seguridad social establecidas en la legislación laboral.

Del año 2000 al 2007, se crearon 2 millones 100 mil nuevos empleos en sector formal y con prestaciones de seguridad social, que representan menos de la mitad de los generados, a pesar de que se esperaría que todos los empleos nuevos contarán con estás características. Adicionalmente, la mayor parte de los empleos generados son de carácter eventual (1 millón 100 mil), lo que implica que sólo 4 de cada diez empleados que se registraron en el IMSS son permanentes.

En este sentido, se puede afirmar que sólo cerca de 15 millones de personas en el país cuentan con un empleo que les brinde prestaciones, seguridad social y una expectativa de permanecer en el empleo. Al mismo tiempo, que 8 de cada diez personas en edad de trabajar y con interés en hacerlo no tienen acceso a estos beneficios y en algunos casos ni siquiera al empleo.

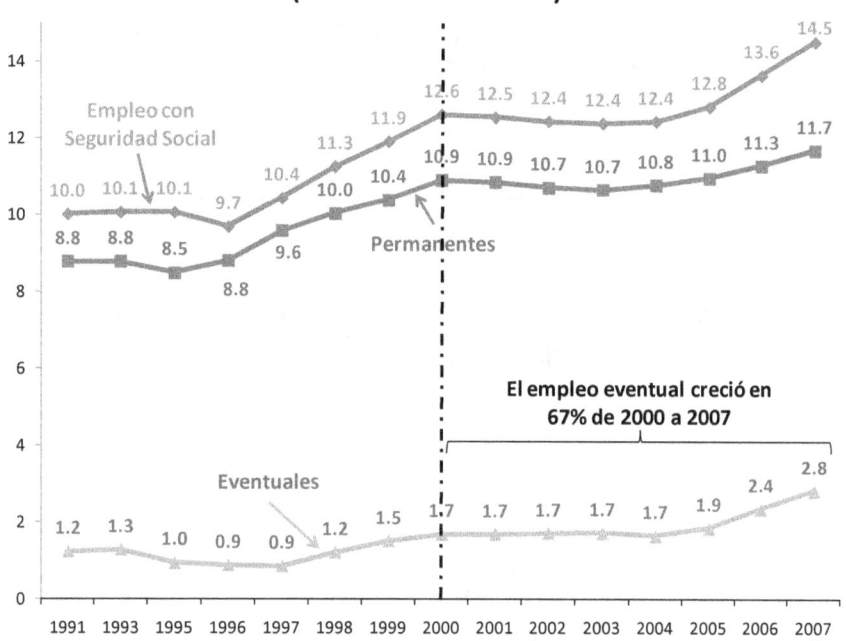

CALIDAD DEL EMPLEO CON SEGURIDAD SOCIAL POR TIPO
(Millones de Personas)

Fuente: Elaboración propia con base en el "Primer Informe de Gobierno, 2007", Presidencia de la República y Banco de México, "Programa Monetario para 2008".

Gráfica 3.12

Así, la principal razón del bajo nivel de creación de empleos con prestaciones en México tiene que ver con la falta de crecimiento económico; sin embargo, también debe señalarse que en un contexto en donde la economía que no crece, los costos laborales representan una carga aún mayor para las empresas por lo que no cuentan con incentivos para crear empleos de calidad y con las prestaciones de ley.

Al evaluar los ingresos que perciben los trabajadores se contempla que 5 millones 300 mil trabajadores en el año 2007 obtenían ingresos menores a un salario mínimo (cantidad similar a 1991), es decir $48.8 pesos diarios ($1,464 pesos al mes), con lo cual se podía comprar 2 kilogramos de tortilla de maíz, un kilogramo de arroz, uno de papa y medio kilogramo de pollo entero. Sí se asume que la familia promedio es de 5 personas, este ingreso no alcanza para cubrir los requerimientos básicos de alimentación de una familia y menos de necesidades no básicas.

En términos generales se puede decir que ha aumentado la cantidad de trabajadores que obtienen mejores ingresos, ya que el 40% de la población ocupada recibe ingresos superiores a 2 y hasta 5 salarios mínimos, que ganaron entre $97.6 y $244 pesos diarios. En este sentido, con $244 pesos diarios en el 2007.

Se esperaría que conforme pase el tiempo y la economía crezca se incrementen los ingresos de los trabajadores, sin embargo aún sólo una de cada diez personas ocupadas gana más de $244 pesos diarios.

DISTRIBUCIÓN DE LA POBLACIÓN OCUPADA POR NIVEL DE INGRESO
(Millones de Personas)

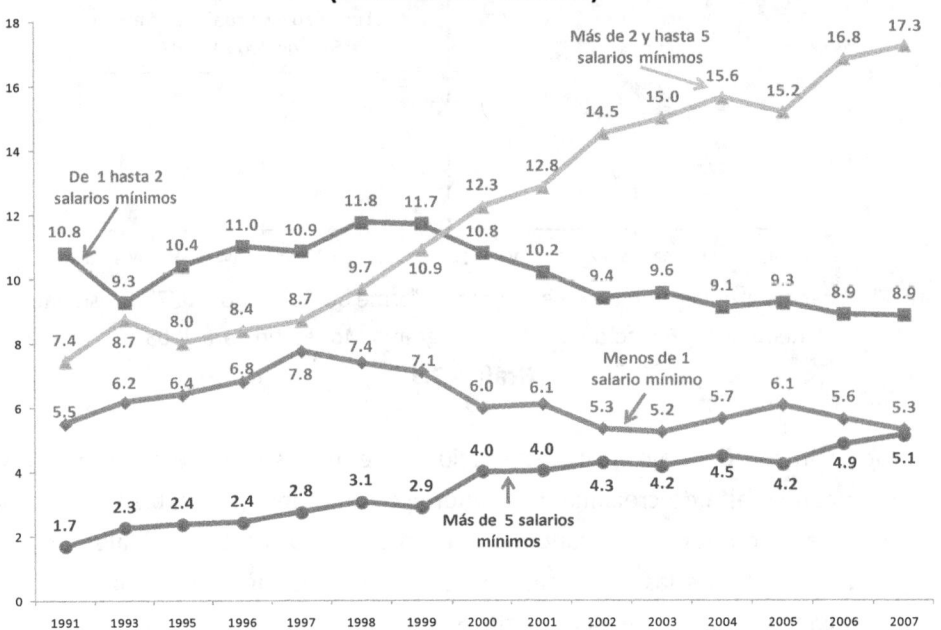

Fuente: Elaboración propia con base en el "Primer Informe de Gobierno, 2007", Presidencia de la República y STPS.

Gráfica 3.13

A pesar, de que parece que se ha mejorado la distribución del ingreso, ya que en términos generales son más las personas que ganan más si se mide en salarios mínimos, sin embargo los salarios reales no han crecido lo suficiente. Si se considera la evolución de los salarios mínimos reales a precios del año 2002, en 1980 el salario mínimo era de $119.3 pesos, después como resultado de la crisis económica para 1990 este bajó hasta 58.8 pesos (5.5

millones de trabajadores ganaban menos de un salario mínimo), lo cual implica que en 10 años el poder de compra de un salario mínimo se redujo a la mitad.

Ante el contexto económico nacional se inició un cambio en la política económica a fin de estabilizar los precios y evitar que las altas tasas inflacionarias afectaran negativamente el poder de compra y el nivel de vida de la población, cuyo objetivo se cumplió con la aplicación del modelo de estabilización. No obstante, en términos reales no se observa ninguna mejoría en la capacidad de compra de los salarios mínimos, ya que del año 2000 (6 millones de trabajadores ganaban menos de un salario mínimo) al año 2007 el salario mínimo sólo se incrementó en $1.3 pesos, cantidad que por mucho es insuficiente para mejorar el nivel de vida de la población. En otras palabras, en 1980 con un salario mínimo se podía comprar tres veces más bienes que en el 2007 (5.3 millones de trabajadores ganaban menos de un salario mínimo), ya que en los últimos 10 años no se ha logrado concretar un aumento real en los salarios, sólo se han mantenido.

SALARIO MÍNIMO GENERAL, A PRECIOS DE 2002
(Pesos Diarios)

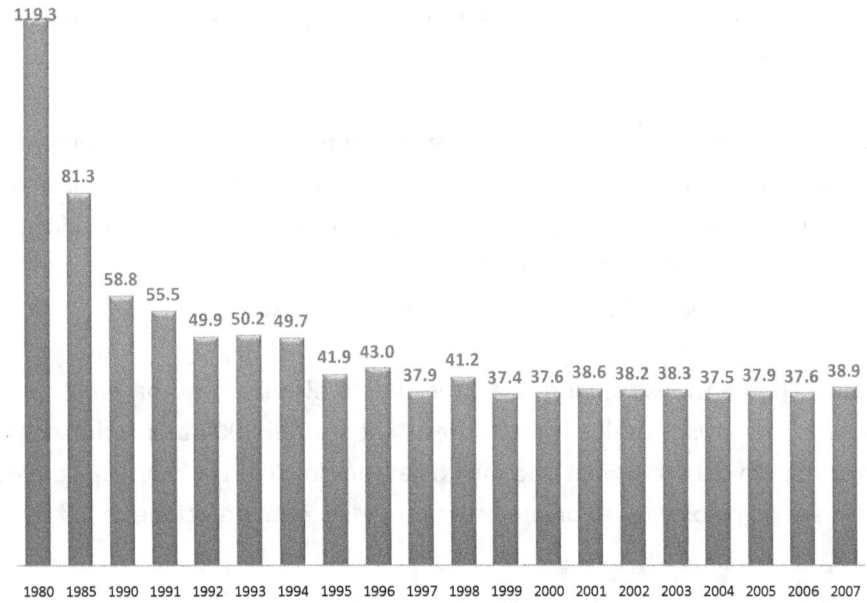

Fuente: Elaboración propia con base en el "Primer Informe de Gobierno, 2007", Presidencia de la República y STPS.

Gráfica 3.14

Así, en lugar de incrementar el nivel de ingreso, esté se ha deteriorado, ya que actualmente 7 de cada diez personas ocupadas reciben ingresos menores a 5 salarios mínimos, cuyo poder de compra en términos reales es similar 1.6 salarios mínimos de 1980, por lo cual el 73% de la población ocupada tiene que sobrevivir como si ganara menos de dos salarios mínimos de 1980.

Dentro del modelo económico de México se colocó al sector manufacturas como el motor de la economía nacional, por lo que se esperaría que fuese el de mayor dinamismo y que este se reflejará en las remuneraciones de lo trabajadores. Sin embargo, su crecimiento no ha sido el esperado, al año 2007 los trabajadores de la industria manufacturera en promedio obtienen 5.8 dólares por hora, que supera por mucho el salario mínimo vigente, pero el crecimiento de las remuneraciones en siete años sólo fue de 1.2 dólares.

En cambio, en países como Corea que en 1985 tenia remuneraciones promedio muy bajas de tan sólo 1.3 dólares la hora, al mismo tiempo que México alcanzaba los 2.3 dólares, la dinámica del crecimiento económico de Corea, fundamentada principalmente en la incursión a sectores de mayor valor agregado y contenido tecnológico le permitieron elevar sus remuneraciones en la industria manufacturera hasta 11.6 dólares por hora en el 2007, el doble de las de México.

Asimismo, de 1985 a la fecha Canadá prácticamente duplicó las remuneraciones por hora de los trabajadores en el sector y en el caso de Japón están cerca de triplicarse. Esto es resultado de que la dinámica de crecimiento de estos países se ha reflejado de manera directa en ingreso de los trabajadores ubicados en los sectores dinámicos. A partir del 2000 tanto Corea como Canadá han continuado creciendo aumentando cera de 5 dólares.

Esto no ha ocurrido en México, ya que el crecimiento alcanzado no ha tenido un impacto importante en los ingresos de los trabajadores y menos del 2000 a la fecha, dado que las tasas de crecimiento del sector han sido muy bajas, por lo cual si la industria no crece, no se incrementan sus ingresos y no se puede esperar que las remuneraciones a los trabajadores sean mayores.

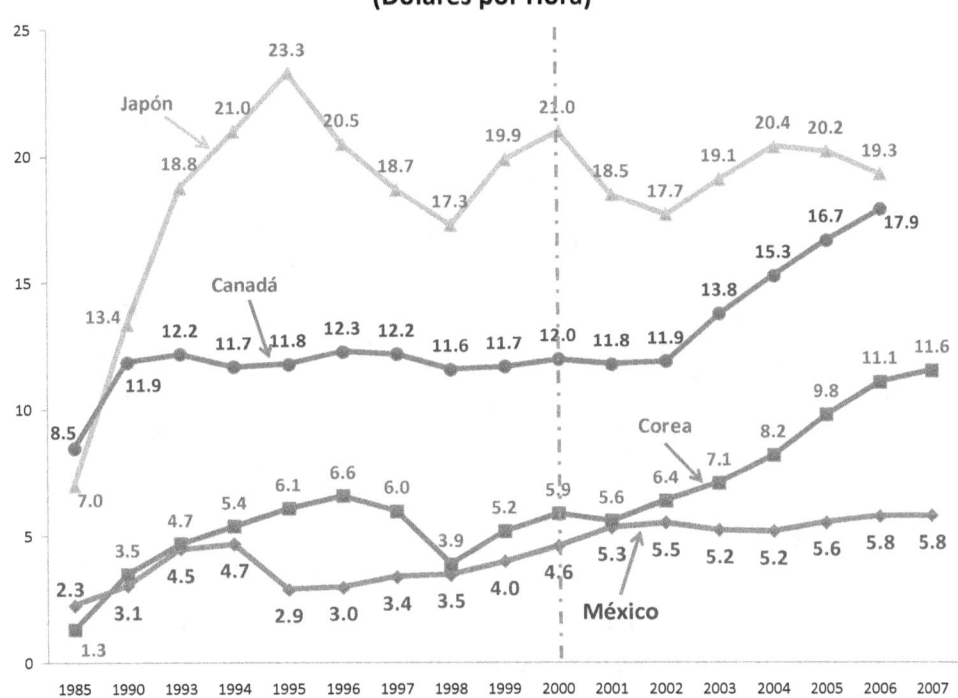

REMUNERACIONES EN LA INDUSTRIA MANUFACTURERA
(Dólares por Hora)

Fuente: Centro de Estudios de las Finanzas Públicas de la H. Cámara de Diputados, y "Primer Informe de Gobierno, 2007", Presidencia de la República.

Gráfica 3.15

A nivel nacional, el sector en el cual los empleados y obreros obtienen mejores remuneraciones en promedio es el de manufacturas, en 1994 una persona ganaba en promedio $42 pesos al día si trabajaba en le sector de la construcción y $55 si lo hacia en el comercio o la maquila de exportación, sin embargo si se despeñaba dentro del sector manufacturas podría alcanzar remuneraciones medias de $102 pesos diarios. En los últimos años las remuneraciones en la industria manufacturera presentaron un dinamismo de crecimiento mayor que el resto de los sectores, así en el 2006 las remuneraciones promedio de las manufacturas eran de $418.5 pesos diarios y específicamente en la maquila de exportación se alcanzaban los $271.4 pesos diarios equivalentes a 5 salarios mínimos y que superan las remuneraciones del sector comercio y la construcción.

REMUNERACIONES Y SALARIOS 1994-2008

Fuente: Elaboración propia con base en la Secretaría del Trabajo y Previsión Social con datos de la Comisión Nacional de los Salarios Mínimos, el Instituto Mexicano del Seguro Social e Instituto Nacional de Estadística, Geografía e Informática.

Gráfica 3.16

Dentro de la industria maquiladora de exportación, hasta 2006 cuando se dejo de aplicar este régimen, se presentó un crecimiento continuo de los sueldos y salarios medios. Los salarios de los obreros pasaron de $26.2 pesos diarios en 1994 a $121 en el 2006, equivalentes a tres veces el salario mínimo. Los salarios de los técnicos de producción también se incrementaron sustancialmente hasta alcanzar los $308 pesos diarios, al mismo tiempo los sueldos medios pagados a los empleados diariamente, alcanzaron los $596 pesos diarios. Por lo cual se considera a esta industria entre las que mejores remuneraciones promedio ofrecen al personal que emplea.

SALARIOS Y SUELDOS MEDIOS EN LA INDUSTRIA MAQUILADORA DE EXPORTACIÓN POR TIPO DE EMPLEADO 1994-2008

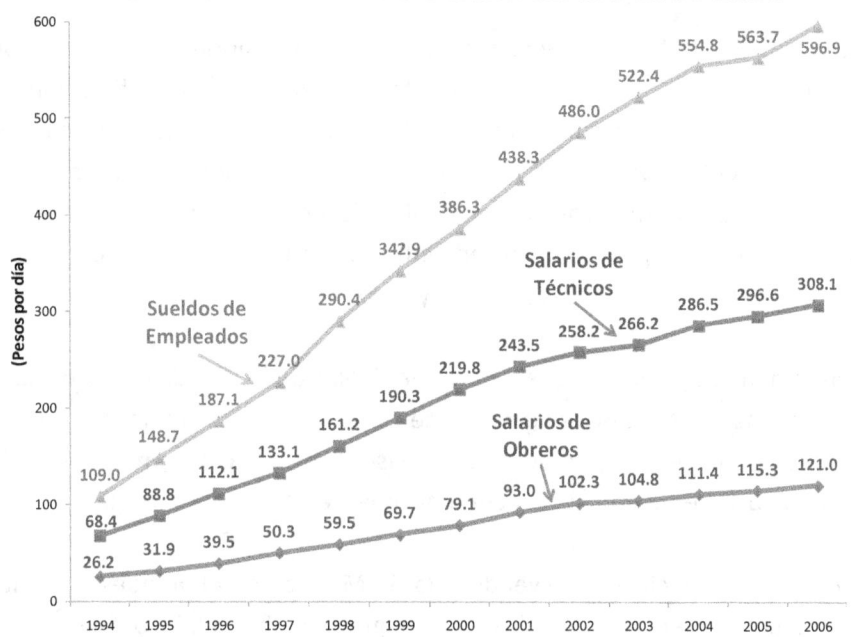

Fuente: Elaboración propia con base en la Secretaría del Trabajo y Previsión Social con datos de la Comisión Nacional de los Salarios Mínimos, el Instituto Mexicano del Seguro Social e Instituto Nacional de Estadística, Geografía e Informática.

Gráfica 3.17

Las tasas de crecimiento económico que ha presentado el país en los últimos años no han sido suficientes para solucionar los problemas del empleo que van más allá de la capacidad de generar fuentes de trabajo, implica que los empleos creados sean de calidad y con remuneraciones que permitan al menos cubrir las necesidades básicas. Actualmente, la calidad de los empleos generados está muy lejos de cumplir con los requerimientos establecidos en la constitución, ya que un salario mínimo no es suficiente para satisfacer las necesidades básicas de una familia y menos en aspectos de salud, culturales y educación, lo cual obliga a que tomen medidas alternativas para complementar el ingreso.

La Migración de Mexicanos al Exterior: Atenuante del Desempleo

El fenómeno de la migración es resultado de los desequilibrios en el desarrollo de las economías y en el crecimiento de la población. Las tendencias demográficas han ocasionado que países, principalmente con un nivel de desarrollo mayor, presenten una baja tasa de crecimiento de su población, lo que implica contar con un menor número de jóvenes. Al mismo tiempo, en economías con una dinámica de desarrollo menor, existe una amplia proporción de jóvenes que no han encontrado empleo en su país de residencia. Coincidiendo las necesidades de trabajadores y empleo.

En este contexto, no hay duda de que a partir de finales de la década de los ochenta cuando México inició de manera agresiva su proceso de apertura hacia los mercados internacionales y de liberalización, no se han podido alcanzar las tasas de crecimiento económico del PIB necesarias para absorber la población económicamente activa (PEA) del país.

Esto, aunado a la diferencia en el nivel de vida de México con el de nuestro principal socio comercial, explican el crecimiento de los flujos migratorios hacia EE.UU. Se calcula que en el año 2005 migraron 320 mil mexicanos en ese país, en 2006 el número aumento a 400 mil, pero para el 2007 se contempla que migraron más de 599 mil personas, la mayoría hacia EE.UU, de los cuales 7 de cada diez tenía entre 14 y 44 años de edad[25]. Se estima que actualmente, en EE.UU residen 11 millones de mexicanos por nacimiento (10% de población nacional), concentrándose el 90% en California, Texas, Illinois y Arizona.

Este proceso reduce la presión sobre la generación de empleos, ya que sin la migración más de 1.8 millones de personas no tendrían una fuente de ingreso. Sin embargo, la migración no es tan grande como para solucionar el problema del desempleo y el empleo en el sector informal, ya que representa sólo el 21% del desempleo abierto y las personas que migran son menos del uno por ciento de la población en edad de trabajar y que lo hace o quiere hacerlos

---

[25] Consejo Nacional de Población (Conapo).

Las personas que emigran lo hacen bajo la necesidad y expectativa de obtener mejoras potenciales en el bienestar económico, se considera que el 55 % de las personas que migraron hacia EE.UU. estaban desempleados antes de salir de su país de origen y la mayoría de los que contaban con un empleo ganaba menos de $700 dólares al mes[26].

Adicionalmente, se debe considerar que en gran parte los migrantes cuentan con niveles de educación mayores a las personas que no emigran en sus comunidades, por lo que se puede considerar que los esfuerzos e inversiones en educación no se aprovechan en el país o región de donde es originario.

El crecimiento de las remesas se aceleró a partir de 1994, lo cual en gran parte es resultado del incremento de la pobreza principalmente en áreas rurales, la falta de oportunidades de empleos productivos y remunerativos; así como la desigualdad. Según datos de la CEPAL, de los hogares que reciben remesas 4 de cada diez estaría en condiciones de indigencia si no recibiera este ingreso. Durante 1996 se realizaron más de 13 millones de operaciones de remesas del extranjero a México, 11 años después se realizaron cerca de 69 millones de operaciones, lo que implica que en el año 2007 se realizaron cinco veces más transacciones de remesas que en 1996.

---

[26] Banco Interamericano de Desarrollo, "Survey of Latin American Immigrants in the United States ", abril 2008.

INGRESOS DEL EXTERIOR POR REMESAS FAMILIARES
(Millones de dólares)

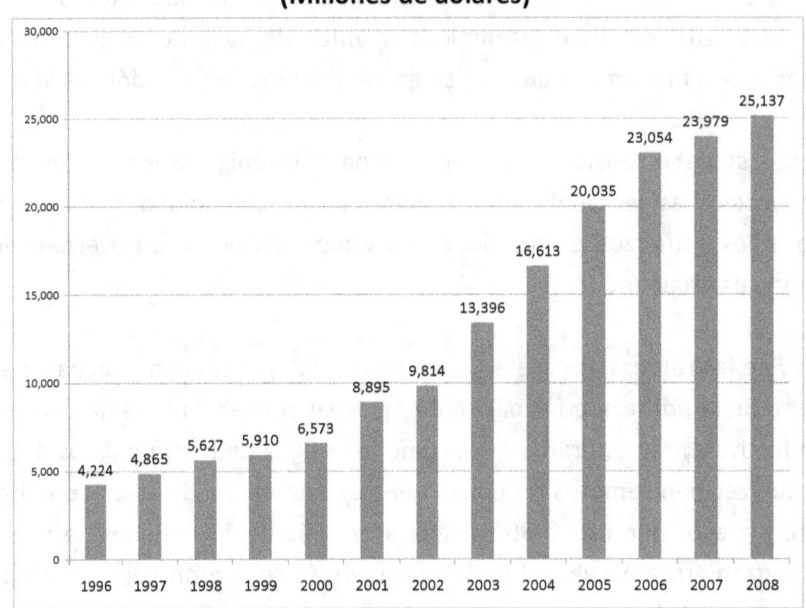

Fuente: Banco de México.

Gráfica 3.18

Las remesas que envían los trabajadores del extranjero constituyen una fuente importante de recursos para las familias, representan alrededor del 3% del Producto Interno Bruto y contribuyen con cerca del 10.6% del ingreso de las familias, en el 10% de los hogares más pobres la remesas que les envían pueden llegar a representar hasta el 40% de sus ingresos totales. En otras palabras, las transferencias de recursos de los familiares que trabajan en el extranjero se han convertido en una fuente de recursos significativa para la satisfacción de las necesidades de básicas diarias, al mismo tiempo que permiten el ahorro.

Sin embargo, en el último año las transferencias de remesas disminuyeron su dinámica de crecimiento, lo cual se debe a la desaceleración de la economía norteamericana que ha disminuido la capacidad de los migrantes para transferir recursos.

Aunado a lo anterior, ha disminuido la proporción de mexicanos que envían remesas, ya que actualmente sólo el 48% de los migrantes envían recursos a sus familias, con un monto promedio menor que según datos del Banco Interamericano de Desarrollo es de $295 dólares. Lo que muestra que a pesar de la importancia y el impacto de las remesas en la economía de las familias mexicanas, se está presentando un proceso de disminución de la dinámica de las transferencias y con ello se incrementan las presiones sobre la economía nacional para satisfacer las necesidades de esta población y las familias que recibían estas remesas ven afectado su nivel de vida.

En este contexto, es fundamental llevar a cabo un acuerdo migratorio entre México y EE.UU. acorde con una nueva fase de integración productiva, que va más allá de la actual integración comercial.

Según el Informe de Desarrollo Humano para México 2005-2006 del PNUD, el determinante central de la migración no es la pobreza, sino las desigualdades, ya que los sectores más pobre no cuentan con está opción. Es por ello que no es posible contener la migración con métodos coercitivos, debido a que será un fenómeno permanente mientras continúen la desigualdad. Para solucionar realmente este problema es necesario todas las facetas del problema de manera multilateral que van desde el combate a la desigualdad mediante el fomento del desarrollo regional equilibrado que se refleje en la creación de empleos productivos remunerativos y mejores condiciones de vida.

La desigualdad del crecimiento económico nacional entre regiones y personas ha impulsado el fenómeno de la migración, donde las personas buscan obtener mejores condiciones de vida que en su lugar de origen. Por ejemplo en el Informe sobre el Índice de Desarrollo Humano, se presenta un crecimiento desigual entre las entidades federativas como el Distrito Federal, Nuevo León, Baja California, Coahuila y Chihuahua que presentan altos niveles de desarrollo humano, al mismo tiempo que Chiapas, Oaxaca, Guerrero, Veracruz y Michoacán ocupan las últimas posiciones, así el índice del estado que con mejor desarrollo humano es 1.2 veces mayor que el estado con menor nivel de desarrollo. Si se compara a nivel internacional el Distrito Federal presenta un nivel de desarrollo humano similar al de Hong Kong y Chiapas similar al del Salvador.

Los municipios que reciben remesas más cuantiosas por habitante son rurales y con niveles altos de marginación, se contempla que el 29% de las remesas se canalizan a 492 municipios pobres donde habita más del 8% de la población nacional.

Dado el desequilibrio en el nivel de desarrollo y la falta de oportunidades de desarrollo, las políticas restrictivas creadas para disminuir el flujo migratorio ilegal por medios como el aumento de seguridad en la frontera o la construcción de un muro que la resguarde no disminuyen la cantidad de migrantes, sólo cambian las rutas y disminuyen las condiciones de seguridad de los migrantes.

Ante este contexto, es fundamental concretar un acuerdo migratorio, en el cual se sienten las bases para el intercambio legal de fuerza de trabajo entre los países firmantes del tratado de libre comercio de Norte América, contemplando crear un marco normativo acorde a la nueva realidad de integración económica, donde a pesar de los controles coercitivos la fuerza de trabajo tiene una movilidad que supera el rango de acción actual de los gobiernos y que responde a realidades concretas como son la sobre oferta de mano de obra en México y la demanda de ésta por parte de las empresas de sus socios comerciales.

Este acuerdo migratorio debe contemplarse como una segunda fase del TLCAN, ya que es la fuerza laboral es parte de los factores de producción y su movilidad como la de los capitales, permite mejorar las condiciones competitivas de las empresas regionales, sobretodo sí se parte del concepto de que es necesario integrarse y evolucionar como región para poder enfrentar de manera conjunta la competencia del resto del mundo y crear las condiciones para que las empresas compitan de manera exitosa. Sobretodo tomando en cuenta que la integración económica y de factores entre los tres países ya es una realidad que aún no se refleja completamente en los ordenamientos jurídicos.

Empleos Productivos y Remunerativos: la Mejor Política Social

La solución al problema del desempleo en México, así como sus consecuencias reflejadas en el sub empleo, bajo nivel de vida, migración, delincuencia, entre otros aspectos requiere de un nuevo modelo económico con tres características:

- Crecimiento competitivo
- Empleo productivo
- Salarios remunerativo

Esto implica toda una estrategia de competitividad sistémica y pasar del modelo macroestabilizador a otro de crecimiento competitivo y sustentable. El cual se fundamente en que el sector productivo es quien genera los empleos, pero éstos deben ser de calidad y bien remunerados, para ello, las empresas requieren de un entorno competitivo y un ambiente propicio para los negocios y que el gobierno sea eficiente en su gestión, en los diferentes niveles. Debe buscarse generar un círculo virtuoso de crecimiento económico sostenido y competitivo con empleos de calidad y bien remunerados.

Entre los principales objetivos de cualquier gobierno, además requisito indispensable para el cumplimiento de otras metas, se encuentra el logro de una tasa de crecimiento económico sostenida con equilibrio interno y externo, con generación de empleos de calidad y suficiente para absorber la fuerza de trabajo del país.

El sistema económico mexicano ha logrado controlar la inflación, sin embargo los resultados no han sido los esperados, ya que no se cumple con el objetivo fundamental de dotar de las condiciones de vida básicas a la población. Al contrario, sólo se alcanzó un crecimiento insuficiente para disminuir los problemas fundamentales del país, por lo que el desempleo y subempleo ha crecido, los salarios reales disminuyen y con ello el poder de compra de la población, que cada año ve disminuir su capacidad de obtener los bienes para satisfacer las necesidades básicas de su familia y su nivel de vida, se siente que ha empobrecido.

El crecimiento económico tiene un papel fundamental en la creación de empleos remunerados que permiten absorber la población económicamente activa de un país y que al mismo tiempo es la mejor forma de que este crecimiento impacte en el nivel de vida de la población.

En este contexto el principal reto que enfrenta el país es logar impulsar un crecimiento económico que permee directamente entre la población y ayude a combatir los principales problemas sociales, como es la pobreza, desigualdad, bajo nivel de vida y migración. Lo anterior sólo se puede lograr brindando a las personas la oportunidad de obtener un ingreso que les permita satisfacer sus necesidades, desarrollando sus habilidades y garantizándoles estabilidad y una expectativa de mejora.

A fin de lograrlo, debe tomarse en cuenta que quienes crean los empleos son las empresas, ya sea en su proceso de industrialización o de prestación de servicios; así al cambiar las tendencias y características del proceso de industrialización, el tipo de trabajadores requeridos para desempeñar alguna actividad económica cambia también.

A nivel mundial las empresas están enfrentando cambios radicales, que son resultado de la férrea competencia global y por ello también necesitan adaptarse y modernizarse, buscando entre sus requerimientos básicos mano de obra calificada que puede generar mayor valor agregado e incursionar a industrias de mentefactura. El entorno orienta a las empresas a basar su rentabilidad en el fortalecimiento del capital intelectual a su interior, que promuevan las mejoras en productividad y la innovación de manera continua.

En este contexto, el reto es fomentar el desarrollo de una nueva cultura empresarial y laboral en la que todos ganen. Las empresas ganan al ofrecer empleos formales porque sus empleados se sienten comprometidos con la empresa e incentivados a mejorar sus niveles de productividad e innovar de manera continua, considerando que si la empresa crece, ellos también lo hacen. Los trabajadores, por su parte, ganan por contar con las prestaciones que por ley les corresponden, así como por recibir mejores sueldos y salarios, resultado del incremento en la rentabilidad de las actividades empresariales. De esta forma se crea un círculo virtuoso entre empresarios y trabajadores, donde ambos se comprometen a mejorar su desempeño y aumentar la corresponsabilidad, bajo la expectativa de benéficos mutuos.

Adicionalmente, el gobierno debe crear las condiciones que favorezcan el desarrollo de los negocios y con ello la creación de nuevos empleos, retomando su papel como impulso de la actividad económica nacional. Asimismo, se debe enfocar a ser garante del cumplimento de la normatividad vigente principalmente en materia laboral, a fin de brindar certidumbre tanto a los empresarios, así como garantizar el respeto a los derechos de los trabajadores.

Así, el **empleo productivo, permanente y bien remunerado, implica** incrementar la productividad del trabajador, que esto se refleje en el valor agregado de la empresa y a su vez en el monto del salario que recibe el trabajador, ya que cuando las personas cuentan con los elementos para satisfacer sus necesidades y las de su familia de manera aceptable, con la posibilidad de crecer y mejorar su nivel de vida, se eliminan los incentivos que los han orillado a emigrar, iniciar actividades informales o en el peor de los escenarios los han conducido a la delincuencia o actividades ilegales.

PARTE III

El balance del TLCAN en la experiencia de México

Capítulo 4:
Balance del TLCAN y Lecciones para América Latina

4.1 El Balance del TLCAN: 14 Años de Experiencia de México

El TLCAN como estrategia de apertura a la globalización ha sido positivo para México ya que promovió temporalmente las exportaciones y la inversión extranjera, pero no fue suficiente para garantizar un crecimiento competitivo sustentable del sector exportador y de la industria como motor del crecimiento.

> "El país requiere una estrategia de inserción activa a través de una Política de Competitividad Sistémica y una Industrialización Competitiva"

La negociación y entrada en vigor del TLCAN fue acertada en cuanto a la necesidad del país por insertarse al proceso de globalización que se veía a nivel internacional.

La firma de un tratado de libre comercio con la nación más poderosa del mundo, generaba expectativas muy alentadoras en cuanto a la dinámica económica de nuestro país; por una parte, se auguraban incrementos importantes en los volúmenes de exportación, mejoras en los niveles de competitividad de nuestros productos, la modernización tecnológica en el aparato productivo, para el consumidor el acceso a una mayor cantidad de bienes y servicios de mayor valor agregado a precios competitivos, entrada creciente de inversión extranjera a nuestro país, generación de nuevos empleos y, en definitiva, una mayor dinámica económica nacional.

Por lo anterior, la negociación del TLCAN fue considerada por las autoridades gubernamentales como correcta en términos del tiempo y velocidad de la desgravación, concediendo un esquema de desprotección pausada a sectores en los que se evidenciaba una mayor asimetría, como fue el caso del sector agrícola, al que se liberó totalmente diez años después de su entrada en vigor.

La lección más clara de este tratado es que se confundió al TLCAN como la estrategia para la inserción comercial exitosa de México al mercado mundial, cuando sólo se trataba del boleto de entrada. Esto es, la firma del TLCAN no estuvo acompañada de la política pública necesaria para fomentar el desarrollo del aparato productivo nacional, que presentaba desventajas marcadas respecto a los competidores canadienses y estadounidenses; la política se orientó casi exclusivamente al sector exportador, pero no se fomentó la sustitución competitiva de importaciones y tampoco se establecieron las condiciones para que los inversionistas internacionales demandaran insumos y materias primas del mercado local, transfirieran tecnología y crearan empleos de mayor calidad, entre otros aspectos.

Así, a manera de resumen podemos enumerar algunos de los principales resultados obtenidos para México con dicho tratado:

- La política pública se orientó a la promoción del sector exportador, que generó un crecimiento positivo hasta el 2000. Las exportaciones se elevaron de 40.7 mil millones de dólares en 1990 a más de 160 mil millones de dólares en 2003.

- A partir del 2001 el modelo exportador se estancó. Las ventajas comparativas (mano de obra barata, régimen de maquila y cercanía, entre otros aspectos) con las que contaba México se agotaron y no se generó una nueva fuente de ventaja competitiva sustentable.

- El modelo industrial exportador se caracterizó principalmente por la manufactura de ensamble; de la exportación de manufacturas (que conforma el 90 por ciento de las exportaciones totales) el 55 por ciento son maquila. Además, las exportaciones del sector manufacturero no maquilador tienen un contenido importado superior al 60 por ciento; lo que lleva a una desarticulación productiva de la industria con baja capacidad de arrastre.

- La industrialización no ha sido un motor de crecimiento sustentable, ya que no contribuyó a la **articulación productiva con escalamiento de valor**. Se generó un modelo de crecimiento macro-industrial donde el efecto multiplicador de la inversión fue reducido y se amplió la brecha comercial.

- La **negociación en general fue buena a excepción de la agricultura**. En este sector el tiempo que México requería para competir en condiciones semejantes con sus socios comerciales era mayor.

- Se generó un **cambio estructural en el comercio pero no en el sistema de innovación** e incorporación de nuevas tecnologías, por lo que el TLCAN ha sido útil pero no suficiente, como lo plantea el Banco Mundial:

  ✓ *La Liberalización comercial y el TLCAN son útiles pero no son suficientes para ayudar a México para alcanzar los niveles de innovación y de progreso tecnológico observado en sus socios de Norteamérica.*

  ✓ *El sistema Nacional de Innovación – como la interacción del sector privado, universidades y las políticas públicas para producir innovación con sentido económico- es ineficiente.*

  ✓ *México necesita mejorar sustancialmente sus políticas con el fin de ayudar a alcanzar el ritmo en la creación de innovación de Norteamérica. El TLCAN no es suficiente.*[27]

México no tomó en cuenta el fenómeno de la hipercompetencia y la velocidad con que se mueven los otros competidores internacionales en el mercado. El tratado de libre comercio con EE.UU. y Canadá no fue un acuerdo de exclusividad; la entrada de China a la Organización Mundial de Comercio (OMC) y su estrategia activa de crecimiento competitivo y de industrialización, ha ocasionada que este país haya desplazado a México de la segunda a la tercera posición que ocupaba como proveedor de productos al mercado estadounidense.

Lo anterior pone de manifiesto que México no transformó sus ventajas competitivas reveladas que tenía a principios de los años noventa en ventajas competitivas sustentables, pues careció finalmente de una estrategia de inserción activa a la globalización vía la competitividad sistémica.

---

[27] Lecciones del TLCAN para América Latina y el Caribe. Banco Mundial, 2003.

China nos desplazó porque cuenta con una estrategia de competitividad basada en polos regionales—clusters, en un marco de crecimiento macroeconómico altamente competitivo y un ambiente de negocios adecuado. Paradójicamente China, un país comunista cuenta con un ambiente de negocios para las empresas capitalistas mucho más favorable, rentable y seguro que el existente en los países de América Latina.

El TLCAN aceleró el crecimiento de las exportaciones durante los primero años a partir de que entró en vigor el primero de enero de 1994. No obstante, con excepción de los años 1995, 1996 y 1997, el ritmo de crecimiento de las importaciones siempre ha sido mayor al de las exportaciones, por lo que el Tratado Comercial no ha permitido un saldo positivo en la balanza comercial.

El TLCAN contribuyó a reducir el componente petrolero de las exportaciones, como ya lo venía haciendo desde 1986 cuando México entró al GATT. Así, las exportaciones petroleras durante el período de 1980-1985 equivalían en promedio al 60% del total en tanto que para el período de 1986-2004 representaron en promedio el 21 por ciento y en la actualidad oscilan en el orden del 15 por ciento del total (considerando las alzas exponenciales del precio del petróleo durante los últimos años, quitando dichos efectos inflacionarios representan cerca del 10% del total).

Como promedio para el período de 1994-2007, la estructura de las exportaciones es la siguiente: el 85% son productos manufacturados, el 11% petroleros, 3% del sector agropecuario y apenas 0.4% de la industria extractiva.

ESTRUCTURA DE LAS EXPORTACIONES MEXICANAS, PROMEDIO 1994-2007
(Participación porcentual dentro de las Exportaciones Totales)

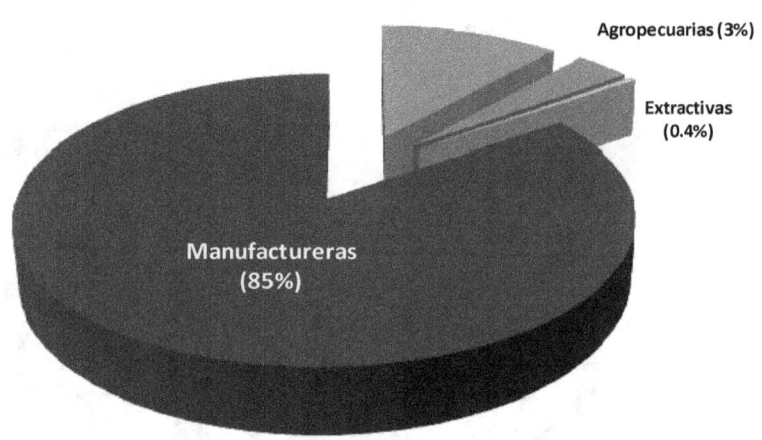

Fuente: Elaborado por CECIC con base en INEGI.
Gráfica 4.1

Ahora bien, la dinámica de las exportaciones de México tiene un fuerte componente maquilador. Como promedio para el período 1994-2006, las exportaciones de maquila representan el 44.8% del total nacional; al interior de la industria exportadora manufacturera, el 53% de los productos exportados son de maquiladoras.

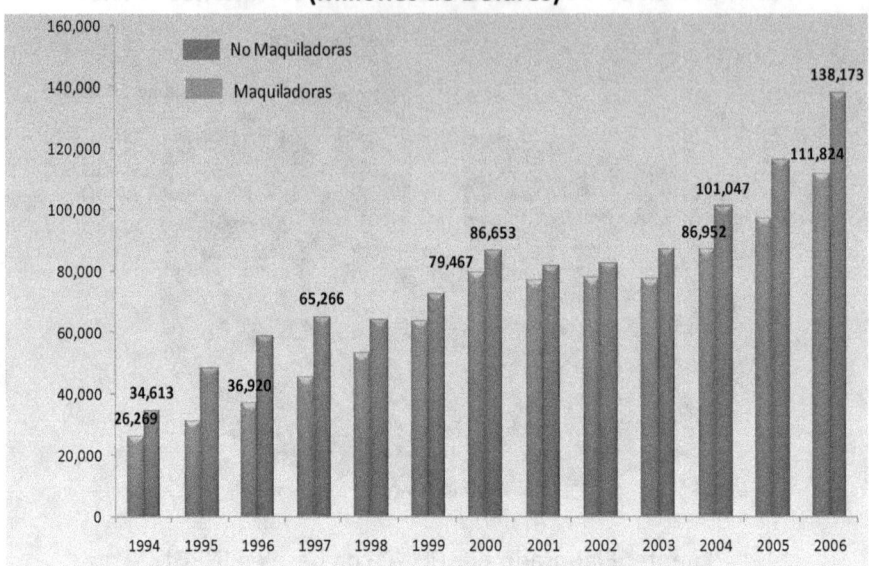

EXPORTACIONES MEXICANAS DE MAQUILA Y NO MAQUILA
(Millones de Dólares)

Fuente: Elaborado por CECIC con base en INEGI.
Gráfica 4.2

De lo anteriormente expuesto se puede inferir que México no ha sabido transformar las ventajas comparativas de localización, mano de obra barata y del régimen de maquila en ventajas competitivas sustentables. Ahora que se ha acrecentado la competencia con la entrada de China a la OMC y que la economía estadounidense ha entrado en recesión económica, se requiere de una nueva estrategia de competitividad para entrar a una nueva etapa de reactivación del modelo exportador con integración productiva local.

Otra de las lecciones para México se refiere al marco normativo del comercio y la coordinación que debe existir entre las políticas comercial y cambiaria a nivel nacional. Si bien México ha hecho uso, cada vez en mayor grado, de medidas de contingencia, principalmente de antidumping; en la actualidad el sector exportador mexicano enfrenta lo que denominamos como "autodumping", ocasionado por políticas desacordes con el impulso de la competitividad exportadora que generan competencia desleal, un daño serio a la industria, a la agricultura y contraen al mercado interno. Esto es, existe contrabando abierto y técnico (dumping), así como subsidios al dólar por la apreciación cambiaria (autodumping).

Así mismo, otras experiencias que se han producido como consecuencia de la apertura de la economía mexicana a la globalización tienen que ver con las características que ha asumido la banca y el sector comercio en nuestro país.

En el caso de la banca, la apertura vía liberalización financiera (primera etapa iniciada a mediados de la década los 90´s) y extranjerización (segunda etapa) le ha permitido a México contar con una estructura de banca internacional de clase mundial (Citigroup, Santander, BBVA y HSBC, entre otros) con niveles de rentabilidad considerablemente atractivos aún cuando el crédito que concede a las empresas es muy reducido.

La banca mexicana es rentable a nivel de empresa, se trata de uno de los negocios con los mejores niveles de ganancias de México, no obstante, no es competitivo a nivel macro-financiero en tanto que los instrumentos financieros con los que se cuenta, no son competitivos a nivel internacional y en muchas ocasiones inconsistentes con la realidad mexicana.

CRÉDITO DE LA BANCA COMERCIAL A LAS EMPRESAS COMO PROPORCIÓN DEL PIB (%)

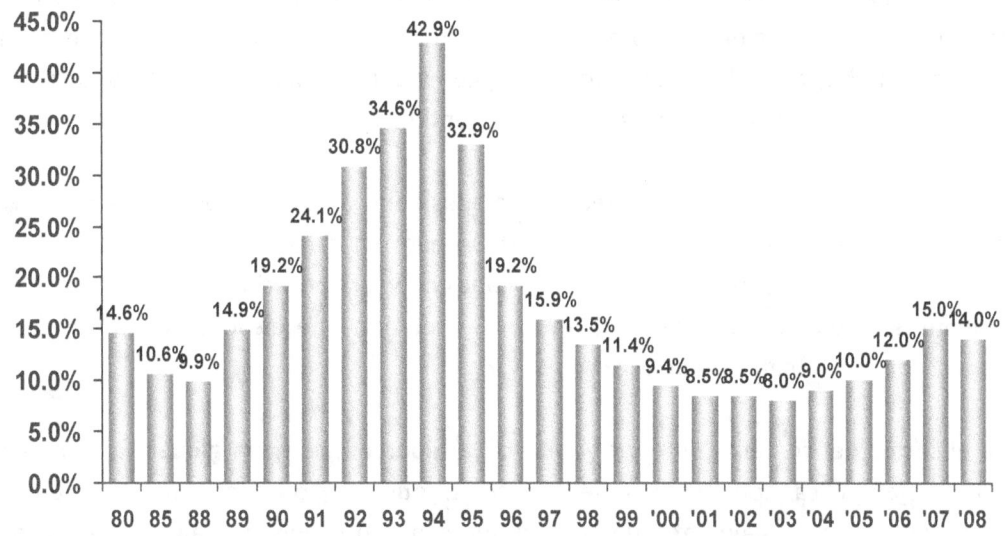

Fuente: Elaborado por CECIC con base en Banco de México.
Gráfica 4.3

De acuerdo con datos de la Comisión Nacional Bancaria y de Valores (CNBV) de marzo del 2008, se tiene que en los últimos seis años las ganancias de las instituciones de crédito comercial son de las más grandes del País pues éstas crecieron 315.9 por ciento en términos reales[28]. No obstante lo anterior, la profundización del crédito es de las más bajas del mundo, el crédito que la banca comercial concede al sector privado se orienta más al consumidor que a las empresas. Por lo que respecta al financiamiento que otorga al sector empresarial, en 1994 el crédito de la banca comercial a las empresas como proporción del PIB era de 42.9% y para el 2009 equivalió al 14%, alcanzando el nivel de financiamiento más bajo en el 2003 cuando solamente representó el 8% del PIB.

Entre las razones que refieren las empresas para no solicitar financiamiento bancario se encuentran las elevadas tasas de interés, la inexistencia de instrumentos financieros acordes a sus necesidades y características empresariales o sectoriales (plazo de vencimiento del crédito y esquemas de pago, lentitud en la concesión del crédito a consecuencia de trámites engorrosos). Lo anterior hace que para las empresas su principal fuente de financiamiento sean sus proveedores (en más del 60 por ciento). De esta manera aquí es donde se da la paradoja: *los bancos aumentan sus ganancias aún con la disminución de los créditos al sector privado*; el margen de intermediación financiera (diferencia entre las tasas de interés activas y las pasivas) es de cuatro a uno; la solicitud de colaterales es de las más altas, y, finalmente, no hay capital de riesgo para inversión y para financiamiento de largo plazo, ni para proyectos de innovación en las condiciones óptimas.

En este caso, la solución no es más regulación a los bancos, sino establecer los incentivos y señales en el mercado monetario-financiero que permita ganar más, prestando más a las empresas. En otras palabras la apertura financiera y privatización de los bancos no es suficiente, se requiere una política financiera —crediticia que eleve la competitividad del sistema bancario – financiero de México.

Para el sector del comercio interior y abasto, **la hipercompetencia global en el mercado local** se ejemplifica con el caso de Wal-Mart, que surgió como una gran empresa internacional que actualmente domina el mercado, ofreciendo grandes beneficios al consumidor al ampliar de manera considerable su acceso a productos diversos de mayor valor agregado a precios competitivos, para lo cual absorbió empresas comerciales

---

[28] El Financiero, 19 de marzo del 2008.

importantes de México (como Aurrera) y/o eliminando a las empresas menos competitivas y menos rápidas en reaccionar a la competencia. En este contexto, es paradójico que catorce años después del TLCAN las empresas mexicanas del sector (Soriana, Comercial Mexicana y Gigante) formen una alianza estratégica a través de una empresa común (Sinergia) y tomen conciencia que la verdadera competencia no está entre ellas. Esto es, la apertura a la globalización implica un *benchmarking* internacional, no local. Por otra parte, las centrales de abasto (en México) hasta ahora han iniciado un proceso de modernización y competitividad, para **transformarse** del viejo modelo **de centros de acopio** (compra y venta de bienes) **a centros logísticos de comercialización agroindustrial aunque aún a pasos lentos**, el primer centro de este tipo se dio en Monterrey y está por transformarse la Central de Abastos de la Ciudad de México y Guadalajara.

4.2 Lecciones del TLCAN para América Latina

Por otra parte, podemos delinear algunas lecciones importantes en tres áreas para América Latina en este campo:

- **Estrategia de apertura:** apertura pasiva vs apertura e inserción activa a la globalización.

- **La negociación:** asimetrías y capacidades competitivas.

- **El manejo instrumental:** la apertura comercial y la política cambiaria e industrial.

La gran lección de la experiencia de México en el TLCAN es;

*La apertura pasiva vía acuerdos de libre comercio con una política industrial pasiva, conduce a un **modelo exportador de manufactura de ensamble dinámico, con desarticulación productiva interna no sustentable**.*

La vía ante la globalización es;
Una estrategia de apertura activa *con acuerdos de libre comercio (bien negociados, reconociendo asimetrías y capacidades competitivas) acompañados de una* **estrategia de competitividad sistémica y una política industrial activa.**

La apertura vía libre comercio requiere de dos frentes de acción; por un lado, una buena negociación del acuerdo de libre comercio; y por el otro, una política de competitividad sistémica y en particular de una política de competitividad industrial (ver gráfica).

**APERTURA VÍA TLC Y COMPETITIVIDAD SISTÉMICA:
EL ENFOQUE DE LOS DOS FRENTES**

Modelo de Apertura Comercial	Modelo de Competitividad Sistémica
TLC bien negociado es:	▪ **OBJETIVO** Apertura con articulación productiva interna y crecimiento balanceado
▪Enfrentar y reconocer las asimetrías y el nivel de capacidad respecto al Nuevo Modelo.	▪**ESTRATEGIA OFENSIVA:** La mejor defensa es el ataque
▪Las diferencias en las capacidades competitivas	▪Fomento activo por el lado de la oferta productiva
▪Eficiencia de los instrumentos de política comercial, financiera e industrial	▪Modernización productiva mediante programas de acción que fortalezcan y promuevan el desarrollo de nuestras capacidades competitivas
▪Capacidad de respuesta de los instrumentos ante los retos de la hipercompetencia global	▪Formación de las capacidades competitivas de la economía: **Desarrollo de los 10 pilares de la competitividad.**

Fuente: Elaborado por CECIC.

Figura 4.1

El Libre Comercio no es una estrategia de desarrollo esto es, no es una estrategia que promueva un crecimiento competitivo y sostenido y que permita transformar las ventajas competitivas reveladas en ventajas competitivas sustentables promoviendo un proceso de exportación e industrialización sustentable y adicionalmente con escalamiento en la cadena global de valor.

Esta experiencia de México deriva lecciones muy importantes para los países de América Latina:

- La estrategia de apertura a la globalización vía libre comercio fue pasiva, tanto con el TLCAN como en los 12 acuerdos que tiene México firmados con 42 países.

> **Estrategia de Apertura Pasiva** = Arancel cero + Mano de obra barata +
> Importaciones baratas (vía dólar apreciado o barato)

La apertura de México ha sido una política basada en acuerdos de libre comercio, no sólo en el TLCAN sino en 12 acuerdos con 42 países. El índice de apertura comercial se ubica por arriba del promedio que registran las economías de América Latina. Aunada a la política de libre comercio, el país adoptó una política industrial pasiva que establece que la mejor política industrial es la que no existe. La teoría de libre mercado predice que estas políticas llevan al desarrollo de un sector exportador dinámico y un crecimiento competitivo y sustentable. Sin embargo, la experiencia de México no ha sido consistente con este modelo, más bien ha manifestado la paradoja de la apertura y la competitividad:

México es uno de los países más abiertos,
pero de los menos competitivos.

La globalización y la apertura han transformado por completo el ámbito económico y de los negocios, por ello se presenta un nuevo juego con nuevas reglas: la hipercompetencia global en el mercado local. Ante estos nuevos retos, México se enfrenta a una serie de paradojas significativas: a pesar de la apertura es poco competitivo, enfrenta problemas de productividad y no ha podido insertarse en la globalización de manera completa.

- La evidencia empírica de la estrategia empleada indica que no es la vía para generar un modelo exportador de industrialización madura y de crecimiento sustentable, para ello se **requiere una estrategia de apertura activa a la globalización**, aprovechando los acuerdos bilaterales de libre comercio, pero articulado con una política de competitividad sistémica al interior del país.

El hecho de que México no pudo sustentar su ventaja competitiva, se debe a que ésta se basó en una estrategia de apertura pasiva basada en la ventaja que representaba ser el primer país de la región con tratado de libre comercio con Estados Unidos; mano de obra barata e importaciones baratas debido a un tipo de cambio apreciado, y la ausencia de una política industrial. Es por ello, que nuestro país fue desplazado por China en 2003 al tercer lugar en términos de exportaciones a EE.UU., y a diferencia de Canadá no pudo transformar su Ventaja Competitiva Revelada Temporal en Ventaja Competitiva Sustentable.

Una de las principales lecciones para los países que llevan a cabo una política de apertura - como México- y que no se debe olvidar, es que la hipercompetencia global en los mercados internacional y local es el nuevo nombre del juego en la economía mundial. El jugador más veloz impone el ritmo de la competencia, forzando a los demás jugadores a elevar su capacidad y agilidad de respuesta a los cambios en los mercados, por lo que no basta con abrir la economía al comercio internacional, hace falta también contar con una estrategia y política de competitividad sistémica, con la que se fomente el desarrollo competitivo de las empresas, de los sectores motores del crecimiento económico, en donde se invierta en infraestructura y competitividad logística, lo mismo que en la conformación de una sociedad que base su crecimiento económico en el conocimiento e innovación continua, en un marco de respeto y preservación de los recursos naturales y el medio ambiente. Si no se asume ese compromiso, se corre el riesgo de perder participación en el mercado mundial; ahora nos ha desplazado China de la segunda a la tercera posición en cuanto al abastecimiento de productos a los Estados Unidos, pero nada garantiza que esa tercera posición se mantenga ante la hipercompetencia que hoy se vive.

Así, la estrategia de apertura pasiva a la globalización bajo la filosofía de "la cola del papalote", que implica dejarse llevar a donde la globalización va, no es el camino correcto, se requiere una estrategia de inserción activa a la globalización. La experiencia de México contrasta con la de China en este campo.

- Una estrategia de apertura pasiva puede llevar a un modelo de industrialización exportador dinámico para la manufactura de ensamble; esto es, con desarticulación productiva interna y baja capacidad de escalamiento en la cadena global de valor, lo que es un aspecto fundamental para alcanzar un proceso de industrialización madura.

Las exportaciones de México han tenido un cambio estructural muy importante en los últimos años, pues con la implementación del modelo exportador y su consolidación con el TLCAN predominan las exportaciones manufactureras sobre las petroleras y de bienes primarios. No obstante, las exportaciones tienen un elevado componente maquilador, por lo que el dinamismo de este sector se ha basado en las exportaciones de bajo valor agregado, que además, se encuentra desintegrado del aparato productivo nacional.

Así el modelo exportador de manufactura de ensamble tiene dos características principales. En primer lugar, ha mostrado una marcada desarticulación productiva con el aparato productivo local, manifestada en lo que nosotros llamamos "sesgo proimportador" y, por otra parte, tenemos que dicha manufactura de ensamble no permitió el escalamiento productivo hacia bienes y servicios de mayor valor agregado.

Con respecto a la desarticulación de cadenas productivas y sesgo proimportador, señalaremos que la dinámica mostrada por el modelo exportador de manufactura de ensamble no tuvo capacidad de escalamiento productivo hacia nuevos productos y nuevas líneas de productos. Dicho sesgo proimportador se ha acentuado porque la inserción de algunas ramas industriales que exportan sus productos como la de prendas de vestir, equipo de transporte, maquinaria eléctrica y electrónica, estuvo acompañada de una sustitución considerable de insumos nacionales por insumos importados. Otros factores que han contribuido a este sesgo proimportador, además de los generados por la mera disminución de aranceles, ha sido la política de macroestabilización que se ha implementado en la economía mexicana, que ha ocasionado un tipo de cambio sobrevaluado en términos reales que incentiva aún más las importaciones y resta competitividad a las exportaciones.

Por otra parte, México se quedó en una industrialización de ensamble, mientras que otros países en desarrollo, asiáticos principalmente, lograron un proceso de industrialización maduro o rápido en donde la participación porcentual del sector industrial en el PIB, empleo y las exportaciones totales siguen en aumento como resultado de la inversión y de la transición de producción de bienes primarios a producción de bienes intensivos en conocimientos y tecnología.

- El modelo de apertura vía liberalización comercial acompañado de apreciación cambiaria y una política industrial pasiva generan desarticulación productiva y baja capacidad de arrastre del modelo exportador, es necesario coordinar la política de libre comercio con una política activa de competitividad industrial y una política de tipo de cambio real competitivo.

- El crecimiento competitivo sustentable sólo se logrará elevando los niveles de competitividad que dan sustento al desarrollo de largo plazo, desde el nivel micro, —nuestras empresas, que finalmente son las que generan riqueza— pasando por los niveles que definen su entorno: meso, macro, internacional, institucional y político-social.

- En este contexto, la experiencia de China y México contrastan de manera radical y los resultados se manifiestan con el desplazamiento de México al segundo lugar en el mercado de Estados Unidos. Durante los últimos cinco años, cuando China entró al OMC aprovechó mejor los resultados para entrar al mercado. En otras palabras, una estrategia de apertura pasiva vía libre comercio y política industrial pasiva *vs.* una estrategia de apertura e inserción activa y de crecimiento competitivo como China, es un elemento que debe considerarse como la primera lección, hay que tener una estrategia activa de inserción donde la mejor defensa es el ataque.

PARTE IV

Hacia el TLCAN II: De la Integración Comercial a la Integración Productiva

Capítulo 5
La Integración Regional de América del Norte: Más allá de una Zona de Libre Comercio y Hacia una Sociedad Integrada

5.1 Antecedentes: ASPAN y sus limitaciones

Debido al proceso de globalización, la interdependencia entre las naciones del mundo se ha hecho cada vez más evidente, por lo que para hacer frente a esta situación, los países han recurrido a la integración regional para poder seguir siendo competitivos y tener apoyo y cooperación de otros países, en sectores clave.

Es en este contexto que se ha observado un aumento en "las iniciativas de integración regional que apuntaban a vincular economías desarrolladas con países en desarrollo. (…) La incorporación de México al TLCAN marcó el comienzo de los esfuerzos por negociar en la región áreas de libre comercio recíproco con mercados industrializados."[29]

La relación que han mantenido los países de América del Norte ha estado basada en la conveniencia en cuanto a la situación económica, política, social, de seguridad y poblacional, además de la cercanía geográfica. Actualmente, podemos decir que son dos los factores que han sido determinantes en la relación trilateral de América del Norte, el primero es el proceso de globalización económica y el segundo el incremento de la inseguridad a nivel internacional. La importancia de estas dos circunstancias se ha visto reflejada en la creación de estrategias y organismos que ayudan a mejorar tanto las condiciones y la calidad de vida de la población de estos tres Estados, como las relaciones entre ellos.

---

[29] Banco Interamericano de Desarrollo. Más allá de las Fronteras. El Nuevo Regionalismo en América Latina. p. 1.

La agenda de América del Norte no había tenido mayor impulso en los últimos años, hasta que se aprobó el programa de Fronteras Inteligentes en 2002, que incluía un nuevo esquema aduanero para impulsar la competitividad económica en la frontera norte. Después, la cooperación iniciada entre estos tres países se encaminó a aumentar el apoyo y la seguridad de la región, tomando medidas en contra del terrorismo y el crimen organizado, sobre todo después de los atentados terroristas del 11 de septiembre de 2001 en Estados Unidos.

Con los atentados terroristas del 11 de septiembre de 2001 en Estados Unidos, los intereses de dicho país se volcaron hacia la seguridad y protección al interior de su territorio, y la relación bilateral con México se enfocó directamente hacia la seguridad en la frontera, dejando a un lado el tema migratorio en la agenda bilateral.

"Los crecientes nexos bilaterales y la proximidad geográfica han ampliado y profundizado la 'interdependencia' de esta relación bilateral altamente asimétrica. Esta situación acarrea altos costos asociados a la acción unilateral de una u otra de las partes, lo cual a su vez le puede proporcionar a México alguna ventaja frente a los Estados Unidos en circunstancias particulares específicas. En este sentido, aunque el TLCAN ciertamente ha atado las manos y limitado las opciones políticas de México, también ha constreñido las de los Estados Unidos, al aumentar los costos de la acción unilateral e incrementar los beneficios de la cooperación bilateral"[30].

Así, en marzo de 2005 los mandatarios de México, Estados Unidos y Canadá anunciaron la firma de la Alianza para la Seguridad y la Prosperidad de América del Norte, ASPAN, cuya creación responde a los temas de la mencionada Agenda Trilateral. Este nuevo sistema de cooperación, ASPAN, *"es un proceso trilateral, permanente, para una mayor integración de América del norte, que es evaluado de manera semestral"*[31].

La Alianza para la Seguridad y la Prosperidad de América del Norte, es el resultado de varios intentos de Estados Unidos y México, principalmente, por crear una zona de cooperación entre los Estados que conforman la parte norte del Continente Americano. Es así que este proyecto para impulsar la cooperación y el avance en Norteamérica, surgió con el

---

[30] Gaza Elizondo Humberto. Entre la Globalización y la Dependencia. p. 59.
[31] http://www.sre.gob.mx

seguimiento de las relaciones que nuestro país y Estados Unidos han realizado a través de los años, sobre todo, tratando de tener un mayor control de nuestra frontera conjunta, tanto por el problema migratorio, como por la seguridad, que actualmente se ha convertido en un tema de gran importancia.

Podemos decir que esta profundización de las relaciones entre México, Estados Unidos y Canadá se veía como un asunto indispensable, primero por la cercanía geográfica, segundo, por las relaciones económicas y comerciales, y tercero, por los beneficios en seguridad y el aumento en la calidad de vida de las sociedades de cada uno de los países[32].

A principios de septiembre de 2001, con la visita del Presidente de México, Vicente Fox a Estados Unidos a Estados Unidos, se trató entre otros temas, la profundización de la integración de ambos países con la creación de la Sociedad para la Prosperidad.

Fue en marzo de 2002 cuando los Presidentes Fox y Bush presentan oficialmente el Plan de Acción de la Sociedad para la Prosperidad en el marco de la Cumbre de la ONU, en Monterrey. En el Plan presentado se definen la visión, misión y objetivos de la Sociedad, así como proyectos concretos[33].

Se planteó que dicho Plan contribuía en la mejora de la relación México-Estados Unidos a través de una alianza estratégica que incluye a los sectores público y privado y que fomentaría el potencial económico de las sociedades de la región. El Plan comenzó a poner en práctica sus funciones con la creación de talleres, como el Taller Empresarial de la Sociedad para la Prosperidad, creado en junio de 2003.

Finalmente, en 2005, cuando finalmente la intención de los tres Estados por obtener un marco más amplio de cooperación, se materializó con la firma de la Alianza para la Seguridad y la Prosperidad de América del Norte, ASPAN. Se reunieron en Waco, Texas para suscribir la Declaración Conjunta, que daría vida a esta nueva Alianza. Durante la reunión de

---

[32] Trejo García, Elma del Carmen, "Alianza para la Seguridad y la Prosperidad de América del Norte (ASPAN)", Centro de Documentación, Información y Análisis, Dirección de Servicios de Investigación y Análisis, Subdirección de Política Exterior, México, Julio, 2006.

[33] http://p4p.fox.presidencia.gob.mx/p4p_us.php

los tres mandatarios el 23 de marzo de 2005, llamada también "Reunión de los Tres Amigos", se plantearon objetivos tales como:

- Cambiar ideas sobre formas alternativas de integración económica, desarrollo trinacional y estar atentos a los próximos acontecimientos en el TLCAN;
- Fomentar diálogos e intercambios entre legisladores y sociedad civil, alrededor
- Identificar algunos de los impactos más críticos de los 11 años del TLCAN, centrándose en análisis tanto al nivel nacional y de efectos sectoriales
- Buscar consenso en posibles acciones futuras que podrían ser hechas trinacionalmente entre legisladores y entre legisladores y sociedad civil.

La creación de la ASPAN surgió entonces de la necesidad de los tres países por mejorar las relaciones entre ellos y con el resto del mundo, del interés por enfrentar los nuevos retos de la sociedad internacional en todos los niveles, y del compromiso de cooperación y ayuda mutua para poder resolver los problemas a un menor costo.

Actualmente se han mostrado avances dentro del marco de la ASPAN y los mandatarios de los tres países siguen reuniéndose para tratar los temas prioritarios y mantener una relación mucho más estrecha para tener con mayor rapidez solución a los problemas a los que se enfrentan, de esta manera, se pretende tener una mejor visión de las situaciones económicas, políticas y sociales tanto de cada uno de los países como de la región en su conjunto.

Objetivos de la ASPAN

Los objetivos de esta nueva Alianza son los de impulsar la prosperidad de cada uno de los países tanto a nivel económico, comercial, social y de seguridad, y en la medida en que cada uno vaya teniendo avances, éstos se verán reflejados en toda la región.

Dentro del alcance que se ha planteado dicho Acuerdo, está una visión a futuro para lograr un mayor crecimiento y una mejora en la calidad de vida y en la seguridad de las sociedades de cada uno de los países.

Con la creación de la ASPAN se pretende ir integrando un poco más a la región, favoreciendo el bienestar de las sociedades por medio de un mayor esfuerzo entre los Estados que la forman, y se ha dicho que es un nuevo impulso al TLCAN suscrito por los mismos. De esta manera, América del Norte se enfrenta a la globalización por medio del regionalismo, comprometiéndose así a una cooperación más estructurada.

Estructura de la ASPAN

En la Declaración Conjunta de 2005, los Presidentes reconocieron la necesidad de un mayor impulso a la cooperación y seguridad en la región, para hacer frente a los nuevos retos económicos y sociales que propone el panorama mundial, aumentar la competitividad de la zona, facilitar la actividad empresarial, así como agilizar el comercio entre los tres países. Esta declaración dio lugar a la creación de la ASPAN, junto con la Agenda para la Seguridad y la Agenda para la Prosperidad.

Dentro de la Agenda para la Seguridad, se propusieron los siguientes retos:
1. Instrumentar estrategias comunes de seguridad fronteriza y bio-protección;
2. Mejorar la protección de infraestructura importante e implementar un modelo común de respuesta ante emergencias;
3. Instrumentar mejoras en la seguridad aérea y marítima, hacer frente a amenazas extra-regionales y mejorar las alianzas en materia de información de inteligencia;
4. Implementar una estrategia de agilización fronteriza a fin de aumentar la capacidad instalada para mejorar el movimiento legítimo de personas y mercancías en nuestras fronteras.

Por su parte, en la Agenda para la Prosperidad se propuso lo siguiente:

1. Aumentar la productividad mediante la cooperación en materia de regulación, a fin de generar crecimiento, manteniendo al mismo tiempo, altos estándares para la salud y la seguridad;
2. Promover la cooperación sectorial para facilitar la actividad empresarial en sectores tales como energía, transporte, servicios financieros y tecnología, entre otros, e invertir en nuestros pueblos;
3. Reducir los costos de las exportaciones e importaciones mediante el movimiento eficiente de bienes y personas;

4. Fortalecer nuestro compromiso con el cuidado del medio ambiente, y crear un suministro más confiable y seguro de alimentos, lo que facilitará el comercio de productos agrícolas y protegerá a nuestra población contra enfermedades.

En marzo de 2006, se llevó a cabo la II Reunión de la Alianza para la Seguridad y la Prosperidad de América del Norte, en Cancún, Quintana Roo, en donde estuvieron presentes, el Presidente de Estados Unidos, George W. Bush; el Presidente de México, Vicente Fox Quesada; y el Primer Ministro de Canadá, Stephen Harper. En la Declaración Conjunta de este año, se reiteró el compromiso de los tres países y se sigue buscando la manera de asegurar que América del Norte sea la región comercial más dinámica del mundo.

La última Declaración Conjunta fue hecha en la reunión de febrero de 2008, en Los Cabos, BCS, donde Canadá, Estados Unidos y México acordaron fortalecer los protocolos de cooperación y establecer nuevos mecanismos que permitan mejorar la seguridad de las fronteras comunes y facilitar el flujo legítimo de personas y mercancías en la región. Asimismo en materia de competitividad, resolvieron continuar con la implementación de la estrategia para combatir la piratería y la falsificación y determinaron también seguir los trabajos en la construcción de un marco de cooperación regulatoria para colaborar en las iniciativas sectoriales, concretamente en el sector automotriz.

En la declaración conjunta asentaron que ASPAN ha impulsado una relación que permite trabajar en la construcción de una región más segura y económicamente dinámica, al tiempo que respete la soberanía, las leyes, el patrimonio y la cultura de cada país.

Mesas y Grupos de Trabajo

Debido a su naturaleza, fue necesario que los representantes de cada uno de los países, dieran instrucción a sus equipos, para integrar mesas de trabajo en alcance de cada una de las metas planteadas.

"Las diez mesas de trabajo que conforman la ASPAN tienen como objetivo fijar metas y plazos específicos en las áreas de la competitividad económica, el flujo de bienes, estrategias energéticas, medio ambiente, comercio electrónico y servicios financieros. Enfocan sus esfuerzos para facilitar los negocios, la seguridad alimentaria, el transporte y la salud".

Además de las mesas de trabajo, los mandatarios convinieron en la necesidad de crear Grupos de Trabajo para poder dar seguimiento a los programas e iniciativas de la ASPAN. Cada uno de estos Grupos está presidido por los Ministros y Secretarios de Estado de las áreas de gobierno relacionadas, que tienen a su cargo el establecimiento de metas, planes y programas de acción para alcanzarlas. Los grupos de trabajo deben presentar un reporte de sus avances y de las acciones llevadas a cabo, de manera semestral, todo esto, con el fin de evaluar si los resultados están cubriendo las necesidades de la sociedad, y de no ser así, pueden incluirse otros temas y factores que respondan a lo que las sociedades demandan.

De esta forma, se pidió que a los 90 días de la puesta en marcha de la ASPAN, se presentaran los primeros resultados de los grupos de trabajo, con los planes de acción concretos. Es conveniente señalar que los tres países integrantes de la Alianza, están conscientes de que los resultados de esta nueva cooperación no podrán verse reflejados en las sociedades de manera inmediata, por ello, los grupos establecidos deben mantenerse trabajando a un ritmo constante para agilizar el alcance de las metas y para reducir el tiempo en que los resultados se concretarán. Las oficinas que están encargadas de dar seguimiento a la ASPAN y de hacer todo lo indispensable para el buen funcionamiento de la misma son, en México, la Oficina de la Presidencia de Políticas Públicas, en Estados Unidos, se encuentra bajo la representación del Nacional Security Council y en Canadá está al mando la Privy Council Office.

Avances y logros

El primer Reporte de los Secretarios y Ministros a los Mandatarios de México, Estados Unidos y Canadá, se presentó el 27 de junio de 2005, y en él se incluyó una serie de iniciativas; un listado de temas que son prioridad en la relación de América del Norte; y finalmente, las iniciativas más importantes, con una presentación del proyecto para llevarlas a cabo, sus eventos determinantes y las fechas para cumplirlas, aunque a la fecha no ha habido grandes avances.

Las iniciativas fueron las siguientes:

- El establecimiento de principios comunes para el comercio electrónico para fomentar el desarrollo transfronterizo en América del Norte;

- Liberalización en Reglas de Origen en donde se estima un impacto de 20 mil millones de dólares;

- Mejorar los procedimientos de entrada temporal a profesionistas;

- En materia de salud se llegó a un acuerdo para tener un enfoque armonizado sobre Encefalopatía Espongiforme Bovina (EEB); y

- Se acordó el Reduced Vertical Separation Minimum / Reducción de los Mínimos de Separación Vertical, RVSM, en materia de espacio aéreo, con lo que se espera tener rutas más eficientes y la reducción de los costos.

- Establecimiento de un mayor control en la frontera por medio de la Seguridad Pública para reducir los delitos y el inicio del Programa de Procesamiento de Traficantes de Personas; y

- Ampliar la infraestructura en Nogales, Arizona para aprobar la construcción de dos nuevas líneas comerciales.

La Segunda Cumbre de la ASPAN estuvo centrada en la competitividad económica, en las respuestas de la zona a desastres y emergencias, a la gripe aviar, a las estrategias energéticas y fórmulas para incrementar la seguridad fronteriza.

Para febrero de 2006 se presentaron otros avances sobre todo en temas fronterizos y en cuanto a los programas de trabajo que se refieren a los temas de transporte, tenemos que se ha hecho una planeación conjunta de infraestructura fronteriza para mejorar la eficiencia y reducir los tiempos de tránsito. Los programas son Nexos, Sentir y Fast.

Otros de los trabajos conjuntos en el marco de la ASPAN son los referentes a la introducción de equipos de alta tecnología en nuestra frontera con los Estados Unidos para agilizar el flujo de personas y de bienes, mediante la puesta en marcha de un servicio seguro de flujo fronterizo conmutado entre El Paso y Ciudad Juárez.

Finalmente, otro aspecto en donde podemos encontrar grandes avances, es en el incremento de la comunicación e intercambio de información entre los organismos gubernamentales de los tres países, pues ha sido necesario estar en constante contacto para adopción de nuevas iniciativas y los planes de acción para llevarlos a cabo.

No obstante lo anterior, a pesar de todos los esfuerzos que ha realizado México por dar un mayor bienestar a su población, existen situaciones que no se han tratado en el marco de la ASPAN, como el tema migratorio, que actualmente está siendo un tema central en la relación de nuestro país con Estados Unidos y al que se le está dando seguimiento de manera bilateral.

Es así que hasta el momento la ASPAN no ha tenido el empuje necesario para su desenvolvimiento, por lo que puede quedarse en un intento más por hacer de la región, una comunidad económica. Entre otras cosas, será necesario tomar en cuenta que los tres países son muy diferentes en su composición social, en su estructura económica y en su legislación interna, por lo que debe hacerse todo un estudio para encontrar las medidas más adecuadas de integración.

Finalmente, en cuanto a los resultados de la ASPAN no se han concretado beneficios significativos en materia de seguridad y tampoco en materia de prosperidad, tal vez debido a que es muy poco el tiempo que lleva funcionando la Alianza, o bien porque no se han sabido adecuar a la realidad de cada país.

5.2 La Estrategia de Integración y sus 3 ejes: Capital Intelectual, Capital Financiero y Capital Logístico e Infraestructura

Infraestructura y Logística en el Marco del TLCAN

El papel histórico de la infraestructura en las diferentes regiones y países ha sido determinante en su crecimiento y desarrollo económico. Esta ha servido de soporte a las actividades inherentes al desarrollo humano y al escalamiento en la cadena global de valor.

La infraestructura es conocida generalmente como los elementos estructurales que soportan toda una ciudad o región. Dentro de las definiciones utilizadas, la del Banco Mundial (BM) se acopla más a su significado económico:

> *"Instalaciones y servicios en una economía que facilitan el flujo de bienes y servicios entre consumidores y productores. Son ejemplos las telecomunicaciones (teléfono, cable y radio) y transporte (carreteras, vías*

férreas, puertos y aeropuertos), sistemas de agua y alcantarillado, petróleo y gas natural, generación y transmisión de electricidad. Estas instalaciones pueden considerarse como un pre-requisito para el crecimiento económico en una economía y a menudo involucran elementos de monopolio".

Asimismo, organismos internacionales como el Banco Mundial (BM) han venido impulsando la medición del desempeño logístico a través de la elaboración de un Índice de Desempeño Logístico Regional (LPI por sus siglas en inglés). Dentro del índice utilizado por el BM se contemplan diferentes elementos considerados como esenciales en la logística. El tema de infraestructura es uno de los más importantes ya que reúne elementos tanto de instalaciones como de servicios que dinamizan la economía. Las regiones se han dividido en seis e integran a países de los cinco continentes: Europa y Asía Central, Asía del Este y Pacífico, América Latina y el Caribe, Medio Este y África, África Subsahariana y Asía del Sur.

En una escala de 0 a 5, donde éste último representa la mejor calificación se muestra en el siguiente cuadro las evaluaciones de las seis regiones. En cuanto a infraestructura, Europa y Asía Central, América Latina y Asía del Este y Pacífico mantienen las mejores posiciones con 2.39, 2.38 y 2.37 respectivamente. Mientras que Medio Este y África se mantienen en 2.27. Las regiones de África Susbsahariana y del Sur de Asía se mantienen en los últimos lugares con 2.11 y 2.07 respectivamente.

ÍNDICE DE DESEMPEÑO LOGÍSTICO REGIONAL 2007

	Europa y Asia Central	Asia del Este y Pacífico	América Latina y el Caribe	Medio Este y África	África Subsahariana	Asia del Sur
LPI	2.59	2.58	2.57	2.42	2.35	2.3
Infraestructura	2.39	2.37	2.38	2.27	2.11	2.07

Fuente: Banco Mundial.

Cuadro 5.1

En cuanto a la región de América del Norte, ésta se encuentra conformada por dos de las economías más importantes dada su creciente demanda por bienes finales y potencial desarrollo, Canadá y Estados Unidos. Que junto con México conforman esta sociedad trilateral. Sin embargo, aún cuando se estrecharon los lazos comerciales de los tres países en 1994, no se ha podido cerrar la brecha de asimetría existente. A continuación se muestran las diferencias entre las ciudades más importantes de las tres naciones.

Mientras que las principales Áreas Metropolitanas de México estuvieron representadas por Ciudad de México (19.23 millones de Hab), Guadalajara (3.45 millones de Hab) y Monterrey (2.98 millones de Hab), en Estados Unidos las principales zonas sobrepasaron los 9 millones de personas. Nueva Cork-New Jersey-Long Island (18.83 millones de Hab), Los Angeles-Long Beach-Santa Ana (12.93) y Chicago-Naperville-Joliet (9.46 millones de Hab).

PRINCIPALES CIUDADES Y ZONAS METROPOLITANAS DE AMÉRICA DEL NORTE

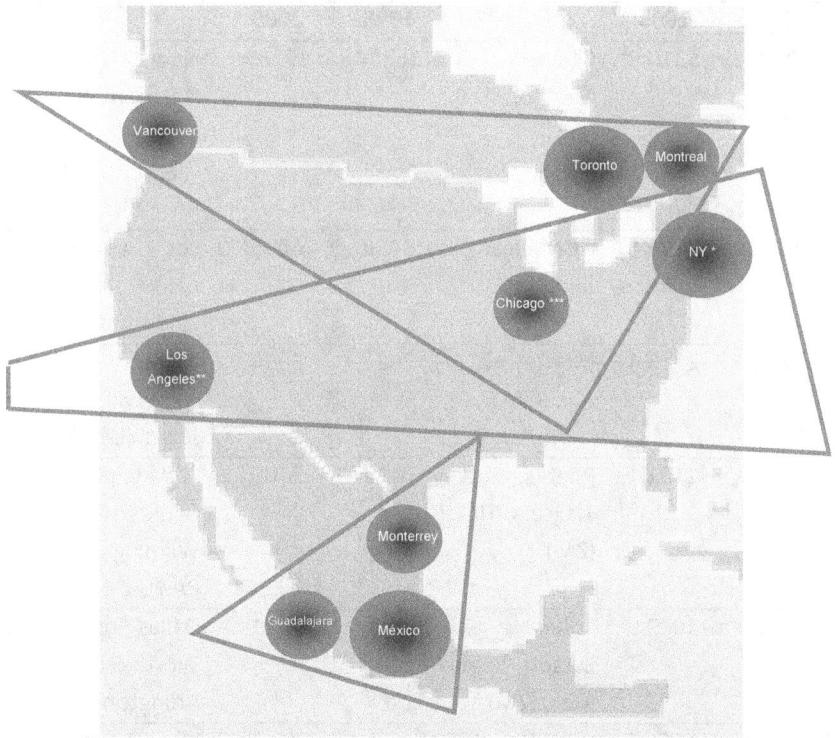

Nota: * New York-Northern New Jersey-Long Island, NY-NJ-PA
** Los Angeles-Long Beach-Santa Ana, CA
*** Chicago-Naperville-Joliet, IL-IN-WI
Fuente: Elaborado por CECIC con la Base de Datos Estadísticas de Transporte de América del Norte, disponible en http://nats.sct.gob.mx.
Mapa 5.1

Además de las ciudades mencionadas anteriormente, América del Norte cuenta con un variado número de ciudades que compiten por ser las más dinámicas de la región. Canadá con Toronto, Montreal, Vancouver, Ottawa y Calgary; Ciudad de México, Guadalajara, Monterrey, Puebla y Toluca forman un triangulo virtuoso; y finalmente la zonas metropolitanas de de Nueva York, Los Ángeles, Chicago, Philadelphia y Dalas en EEUU. Todas ellas representan ciudades con una dinámica poblacional destacada y un ingreso per capita por encima de la media nacional.

PRINCIPALES CIUDADES DE AMÉRICA DEL NORTE Y SU CRECIMIENTO

Canadá		México			Estados Unidos	
1995	**2005**	**1995**	**2005**		**1995**	**2005**
Toronto, Ont.	3988.1	5310.8	Ciudad de México, D.F. (ZM)	16784	19232	New York-Northern New Jersey-Long Island, NY-NJ-PA	N.A.	18813.7
Montreal, Que.	3269.1	3636.8	Guadalajara, Jal. (ZM)	3450	4096	Los Angeles-Long Beach-Santa Ana, CA	N.A.	12933.8
Vancouver, C.B.	1608.3	2213.4	Monterrey, N. L. (ZM)	2988	3664	Chicago-Naperville-Joliet, IL-IN-WI	N.A.	9446.6
Ottawa (Ont.) - Gatineau (Que.) a	939.4	1151.1	Puebla, Pue.-Tlaxcala, Tlax. (ZM)	2119	2109	Philadelphia-Camden-Wilmington, PA-NJ-DE-MD	N.A.	5806.1
Calgary, Alta.	749.8	1067.9	Toluca, Estado. de Méx. (ZM)	983	1611	Dallas-Fort Worth-Arlington, TX	N.A.	5823

Fuente: Elaborado por CECIC con la Base de Datos Estadísticas de Transporte de América del Norte, disponible en http://nats.sct.gob.mx.

Cuadro 5.2

La asimetría es también visible en indicadores globales. Mientras la población de Canadá es solamente de 32.6 millones de Hab durante 2006, EEUU alcanzó los 299.4 millones de Hab, mientras México alrededor de 103.2. Cabe destacar que la tasa de crecimiento de la población durante 1995-2006 fue de 13.1 y 12.4 para México y EEUU respectivamente.

FUERZA LABORAL Y EXTENSIÓN DE AMÉRICA DEL NORTE

	Canadá		México		Estados Unidos	
Población	1995	2006	1995	P 2006	1995	2006
Población nacional, total (en millones)	29.3	32.6	91.2	103.2	266.3	299.4
Población urbana						
Porcentaje de la población total	N	N	73.5	ND	82.3	87.7
Densidad de población						
Número de personas (por kilómetro cuadrado)	3.2	3.6	46.5	ND	r29.1	32.6
Superficie						
Superficie (Miles de kilómetros cuadrados)	9984.7	9984.7	2173	2173	9629.1	9642.7
Porcentaje de la población total	50.1	53.9	39.7	58.4	49.7	50.6
Fuerza laboral ocupada, total	r13.3	16.5	34.4	42.1	124.9	144.4
Porcentaje de la población total	r45.4	50.5	37.7	56.5	46.9	48.2

Fuente: Banco Mundial.

Cuadro 5.3

El principal motor del TLCAN ha sido el comercio internacional. Ese ha sido el punto de partida que motivo a los tres países a firmarlo hace más de una década. Esta actividad se puede ver reflejada en el sector de transportes. El recuadro a continuación muestra el ingreso de la demanda final de bienes correspondiente al sector transporte en la región de América del Norte.

La asimetría sigue siendo visible. El consumo privado total de EEUU representó cerca de 936.1 miles de millones de dólares, a diferencia de los 74.3 y 69.3 que representaron México y Canadá respectivamente.

PIB CORRESPONDIENTE A LA DEMANDA FINAL RELACIONADA CON EL TRANSPORTE DURANTE 2003

	Canadá	México	Estados Unidos
Consumo privado de transporte, total	69.3	74.3	936.1
Vehículos automotores y refacciones a	35	19.6	431.7
Combustibles y lubricantes	15.5	12	192.7
Servicios de transportes	18.9	42.6	297.3
Inversión privada nacional bruta, total	17.3	ND	124.4
Infraestructura para el transporte	2.9	ND	6.1
Equipo de transporte	14.5	ND	118.3
Exportaciones (+), total	87	28.4	174.5
Aeronaves, motores y refacciones	10.4	0.2	46.7
Vehículos automotores, motores y refacciones	67.5	26	80.6
Tarifas de pasajeros	2.9	0.7	15.7
Otro tipo de transporte	6.3	1.4	31.5
Importaciones (-), total	69.6	25.7	299.9
Aeronaves, motores y refacciones	5.6	0.3	24.1
Vehículos automotores, motores y refacciones	55.6	17.5	210.1
Tarifas de pasajeros	3.4	1	21
Otro tipo de transporte	5	7	44.7
Exportaciones netas de bienes y servicios relacionados con el transporte	17.4	2.7	-125.4
Compras gubernamentales relacionadas con el	6.7	ND	217.3

transporte, total			
Compras federales	0.2	ND	29.6
Compras provinciales/estatales y locales	5.7	ND	171.5
Compras relacionadas con la defensa	0.8	ND	16.2
Demanda final relacionada con el transporte, total	110.8	ND	1,152.40
Producto interno bruto	763.3	578.9	10,960.80
Proporción del transporte en el PIB, total (en por ciento respecto al PIB total)	14.5	ND	10.5

Miles de millones de dólares estadounidenses a precios corrientes

Fuente: Elaborado por CECIC con la Base de Datos Estadísticas de Transporte de América del Norte, disponible en http://nats.sct.gob.mx.

Cuadro 5.4

EXTENSIÓN DEL SISTEMA DE TRANSPORTE EN AMÉRICA DEL NORTE

	Canadá		México		Estados Unidos	
	1997	**2005**	**1997**	**2005**	**1997**	**2005**
Red de carreteras	N.D.	1409000	302753	355796	6369000	6453867
Pavimentadas	N.D.	N.D.	102250	122678	3877000	4186692
Sistema carretero principal	N.D.	115000	96659	111900	697000	725001
Menos de cuatro carriles	N.D.	86000	87364	100669	531000	536420
Cuatro carriles o más	N.D.	17000	9295	11231	166000	188581
Locales	N.D.	1191000	N.D.	N.D.	3180000	3461608
No pavimentadas	N.D.	N.D.	200503	233118	2492000	2267175
Grandes lagos	2662	2662	N.D.	N.D.	7000	7000
Vías navegables interiores a	2825	2825	N.D.	N.D.	41860	41860
Red de ductos	319226	362568	15179	25475	2433794	2571189
Gas	280926	316828	10882	16328	2144198	2314375
Petróleo	38300	45740	4297	9147	289596	256814
Red ferroviaria b	77053	75069	26622	26662	442,254	418795
Red de transporte público ferroviario urbano	N.D.	N.D.	275	299	11000	11460
Instalaciones						
Transporte aéreo						
Número de aeropuertos	1120	1073	1280	1485	18,345	19854
Número de puertos marítimos e instalaciones portuarias	205	N.D.	36	38	N.D.	N.D.

Kilómetros

Fuente: Elaborado por CECIC con la Base de Datos Estadísticas de Transporte de América del Norte, disponible en http://nats.sct.gob.mx.

Cuadro 5.5

CONSUMO DE ENERGÍA EN AMÉRICA DEL NORTE

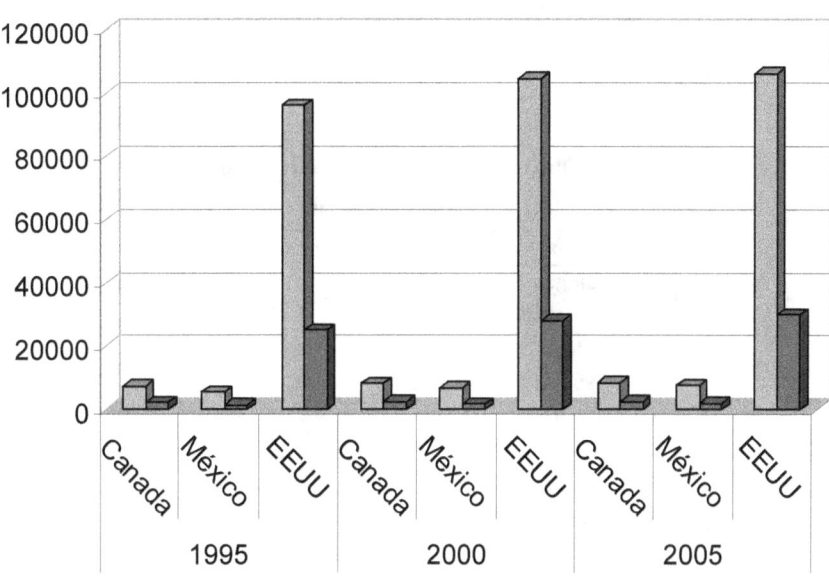

☐ Consumo de energía   ■ Consumo en el transporte

(Petajoules, 1 petajoule = 1015 joule)
Fuente: Elaborado por CECIC con la Base de Datos Estadísticas de Transporte de América del Norte,
disponible en http://nats.sct.gob.mx.
Gráfico 5.1

¿Cuáles son los principales retos de la Infraestructura y Logística en México?

    a. **¿Dónde esta México en Infraestructura y Logística?**

El índice de Desempeño Logístico también evalúa a los principales países en cuanto a su infraestructura. De esta manera se puede observar su comportamiento dentro de las diferentes regiones. El primer lugar lo ocupa Singapur con 4.27 de 5 puntos posibles. Lo siguen Países Bajos, Alemania, Suecia y Austria., con 4.29, 4.19, 4.11 y 4.06 respectivamente. Todos ellos dentro del bloque de Europa y Asia Central, estando muy por encima de la media regional que es 2.39.

En los primeros 10 lugares en cuanto al desempeño en la infraestructura se encuentran tres países del pacífico asiático, seis europeos y solamente un país de América: Canadá con 4.05 – mientras EEUU se ubicó en el lugar 14 con 4.07. Chile fue el país de América latina que más alta puntuación obtuvo, 3.06, en el sector de infraestructura; 18 lugares por debajo de EEUU y 24 por arriba de México.

ÍNDICE DE DESEMPEÑO LOGÍSTICO 2007
(Países seleccionados)

	País	LPI	Infraestructura
1°	Singapur	4.19	4.27
2°	Países Bajos	4.18	4.29
3°	Alemania	4.10	4.19
4°	Suecia	4.08	4.11
5°	Austria	4.06	4.06
6°	Japón	4.02	4.11
7°	Suiza	4.02	4.13
8°	Hong Kong	4.00	4.06
9°	Reino Unido	3.99	4.05
10°	Canadá	3.92	3.95
11°	Irlanda	3.91	3.72
14º	EEUU	3.84	4.07
21°	Taiwán	3.64	3.62
25°	Corea	3.52	3.44
26°	España	3.52	3.51
30°	China	3.32	3.2
32°	Chile	3.25	3.06
39°	India	3.07	2.9
45°	Argentina	2.98	2.81
53°	Vietnam	2.89	2.50
54°	Panamá	2.89	2.79
56°	México	2.87	2.68

Fuente: Banco Mundial.

Cuadro 5.6

En América Latina, países como Chile, Argentina, Panamá, México y Perú se encuentran en los primeros cinco lugares. México se ubicó en el 4º de América Latina con 2.68 de calificación. Seguido por Brasil que ocupa el 6º y Venezuela el 8º.

	País	LPI	Infraestructura
1	Chile	3.25	3.06
2	Argentina	2.98	2.81
3	Panamá	2.89	2.79
4	México	2.87	2.68
5	Perú	2.77	2.57
6	Brasil	2.75	2.75
7	El Salvador	2.66	2.42
8	Venezuela	2.62	2.51
9	Ecuador	2.6	2.36
10	Paraguay	2.57	2.47
11	Costa Rica	2.55	2.43
12	Guatemala	2.53	2.13
13	Uruguay	2.51	2.38
14	Honduras	2.5	2.32
15	Colombia	2.5	2.28
16	República Dominicana	2.38	2.18
17	Bolivia	2.31	2.08
18	Jamaica	2.25	2.03
19	Nicaragua	2.21	1.86
20	Haití	2.21	2.14
21	Guyana	2.05	1.78

Fuente: Banco Mundial.

Cuadro 5.7

Por otro lado, el WEF ha venido desarrollando tanto el Índice de Atracción de Inversión Privada en infraestructura (IPIAI por sus siglas en ingles) así como el Índice de la brecha en la calidad de la infraestructura (IQGI por sus siglas en ingles). Ambos tienen como objetivo evaluar las condiciones específicas que impulsan las inversiones en infraestructura.

El IQGI tiene como objetivo evaluar la brecha que existe en la calidad de las carreteras, puertos, aeropuertos e infraestructura eléctrica de los diferentes países con respecto a un país de control, que es Alemania[34]. Este índice se compone de la medición de las brechas de la infraestructura en general, carretera, portuaria, aeroportuaria y eléctrica. En la evaluación realizada para el periodo 2006-2007, México se ubica en el tercer lugar con 2.7, sólo por

---

[34] Alemania fue escogido dado su desarrollo en infraestructura de clase mundial.

debajo de El Salvador y Chile, que obtuvieron 2.5 y 1.4 respectivamente. Por otro lado Brasil se ubico en el lugar 8º con 4.4. A continuación se muestra los resultados[35].

País	Lugar	Índice
Chile	1	1.4
El Salvador	2	2.5
México	3	2.7
Argentina	4	3.8
República Dominicana	5	3.8
Uruguay	6	4.1
Guatemala	7	4.2
Brasil	8	4.4
Venezuela	9	4.5
Colombia	10	4.9
Perú	11	5.5
Bolivia	12	6.7

Fuente: Banco Mundial.

Cuadro 5.8

Por otro lado, el IPIAI elaborado por el Foro Económico Mundial (WEF) esta compuesto por dos grandes temas, el ambiente general para la inversión y los factores específicos en la inversión de infraestructura. Estos se basan en ocho pilares que contienen 64 variables para su elaboración: Ambiente macroeconómico, marco legal, riesgo político, facilidad en el acceso a la información, mercados financieros, niveles históricos de inversión privada en infraestructura, gobierno y sociedad (voluntad para pagar) y la disposición gubernamental hacia la iniciativa privada.

---

[35] Entre más tiende a cero el índice, se considera que hay una menor brecha hacía el país de control que es Alemania.

MÉXICO VS. AMÉRICA LATINA Y CHILE EN EL ÍNDICE DE DESEMPEÑO LOGÍSTICO

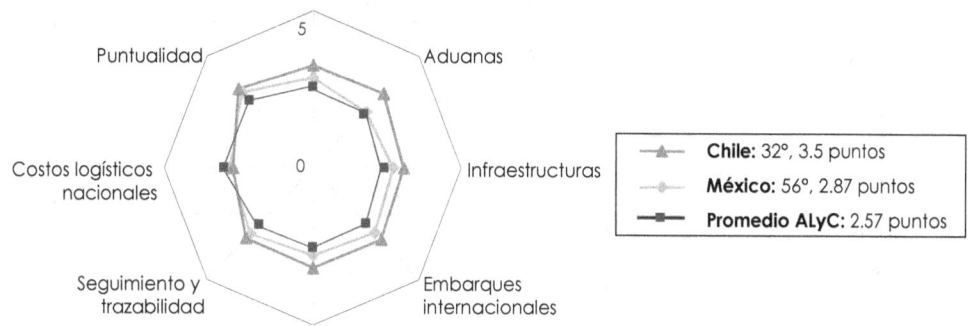

Fuente: CECIC con información del Banco Mundial.

Gráfica 5.1

De acuerdo a los resultados del IPIAI 2007, los cinco países con mejor nivel de atracción de capital privado a la infraestructura local fueron Alemania con 6.65, Francia con 6.46, Singapur con 6.36, Suiza con 6.32 y Honk kong con 6.24. Posicionándose como el *benchmarking* mundial en facilidades a la atracción de inversión privada. Por otro lado, EEUU con 6.1, Dinamarca con 6.1, Canadá con 6.05. Japón con 5.98 y Finlandia con 5.84 integraron el siguiente bloque de competitividad en la lista de 131 países analizados. De ellos el 5 son europeos, 3 asiáticos y 2 de América. México se ubica en el lugar 61 con 3.55, a más de 54 lugares de sus socios del TLCAN y a 30 lugares de Chile (ubicado en el lugar 31).

ÍNDICE DE ATRACCIÓN DE INVERSIÓN PRIVADA EN INFRAESTRUCTURA

País	Lugar	Índice	País	Lugar	Índice
Alemania	1	6.65	India	67	3.45
Francia	2	6.46	Marruecos	68	3.43
Singapur	3	6.36	Trinidad y Tobago	69	3.32
Suiza	4	6.32	Guatemala	70	3.3
Honk Kong	5	6.24	Kazakhstan	71	3.22
Estados Unidos	6	6.1	Pakistan	72	3.22
Dinamarca	7	6.1	Sri Lanka	73	3.21
Canadá	8	6.05	Siria	74	3.19
Japón	9	5.98	Honduras	75	3.18
Finlandia	10	5.84	Gambia	76	3.14

Holanda	11	5.84	Ucranía	77	3.09
Suecia	12	5.71	Brasil	78	3.07
Inglaterra	13	5.71	República Dominicana	79	3.04
Austria	14	5.69	Polonia	80	3.03
Belgica	15	5.65	Argentina	81	3.03
Corea	16	5.55	Algeria	82	3
Emiratos Arabes Unidos	17	5.53	Georgia	83	2.92
Australia	18	5.53	Bulgaria	84	2.91
España	19	5.46	Macedonia, FYR	85	2.9
Yaiwan-China	20	5.38	Colombia	86	2.87
Luxemburgo	21	5.37	Armenia	87	2.85
Oceanía	22	5.35	Zimbabwe	88	2.84
Malasia	23	5.29	Vietnam	89	2.8
Noruega	24	5.06	Montenegro	90	2.79
Portugal	25	4.98	Indonesia	91	2.74
Chipre	26	4.91	Serbia	92	2.72
Tailandia	27	4.85	Kenya	93	2.71
Israel	28	4.81	Filipinas	94	2.7
Barbados	29	4.77	Costa Rica	95	2.68
Puerto Rico	30	4.64	Cambodia	96	2.68
Chile	31	4.56	Ecuador	97	2.64
Tunisia	32	4.54	Senegal	98	2.62
Nueva Zelanda	33	4.52	Malí	99	2.57
Bahrein	34	4.44	Rumania	100	2.57
Grecia	35	4.38	Perú	101	2.56
Estonia	36	4.38	Surinam	102	2.55
Eslovenia	37	4.32	Etiopía	103	2.54
Qatar	38	4.3	Venezuela	104	2.53
Namibia	39	4.3	Tanzania	105	2.53
Kuwait	40	4.28	Guyana	106	2.51
República	41	4.22	Moldova	107	2.45

Checa					
Jordania	42	4.22	Uganda	108	2.42
Sudáfrica	43	4.22	Tajikistan	109	2.41
Omán	44	4.15	Kyrgyz Republic	110	2.38
Arabia Saudita	45	4.14	Burkina Faso	111	2.37
Mauritania	46	4.12	Benin	112	2.36
Malta	47	4.11	Libia	113	2.36
Lituania	48	4.05	Zambia	114	2.31
Irlanda	49	4.03	Madagascar	115	2.28
Panamá	50	3.99	Nicaragua	116	2.27
El Salvador	51	3.98	Bosnia - Herzegovina	117	2.26
China	52	3.97	Bolivia	118	2.22
Croacia	53	3.95	Nigeria	119	2.2
Hungría	54	3.93	Bangladesh	120	2.19
Italia	55	3.91	Mozambique	121	2.18
Latvia	56	3.91	Mauritania	122	2.12
Botswana	57	3.85	Camerún	123	2.06
República Eslovaka	58	3.78	Albania	124	2.05
Turquía	59	3.68	Mongolia	125	2.03
Azerbaijan	60	3.58	Paraguay	126	2.02
México	61	3.55	Lesotho	127	1.97
Egipto	62	3.54	Nepal	128	1.96
Jamaíca	63	3.54	Burundi	129	1.9
Uruguay	64	3.5	Timor oriental	130	1.76
Rusía	65	3.48	Chad	131	1.63
Uzbekistan	66	3.46			

Fuente: Benchmarking National Attractiveness for Private Investment in Latin American Infraestructura, World Economic Forum (WEF), 2007.

Cuadro 5.9

De acuerdo al *World Economic Forum*, el índice de atracción a la inversión privada en infraestructura tiene dos componentes principales: el entorno de inversión y los factores específicos para la inversión en infraestructura.

El entorno de inversión esta referido al ambiente macro, legal, político y de accesos a la información. Temas como la estabilidad macroecoómica y su atractivo por el lado económico. En la parte legal se mencionan los temas de la eficiencia regulatoria, la ética púbilca y la eficacia en los procedimientos para solucionar controversias. Asimismo se incorporan indicadores para medir el riesgo político y la facilidad que hay para el acceso a la información.

En cuanto a los factores específicos que impulsan la inversión en infraestructura, destacan los mercados financieros, la trayectoria de la inversión en infraestructura, gobierno y sociedad (voluntad de pagar) y la disposición del gobierno para la inversión privada.

Índice de Atracción para la Inversión Privada en Infraestructura			A. Entorno de inversión			B. Factores Específicos para la Inversión en Infraestructura		
Lugar	País	Índice	Lugar	País	Índice	Lugar	País	Índice
1	Chile	5.43	1	Chile	5.60	1	Chile	5.25
2	Brasil	4.40	2	México	4.57	2	Brasil	4.35
3	Colombia	4.33	3	Brasil	4.45	3	Perú	4.28
4	Perú	4.23	4	Colombia	4.42	4	Colombia	4.23
5	México	4.04	5	El Salvador	4.34	5	Uruguay	3.73
6	Uruguay	4.02	6	Uruguay	4.31	6	Venezuela	3.64
7	El Salvador	3.97	7	Perú	4.18	7	El Salvador	3.60
8	Guatemala	3.64	8	República Dominicana	3.98	8	México	3.51
9	Argentina	3.41	9	Guatemala	3.82	9	Guatemala	3.45
10	Venezuela	3.37	10	Argentina	3.81	10	Bolivia	3.31
11	Bolivia	3.34	11	Bolivia	3.37	11	Argentina	3.01

Fuente: Benchmarking National Attractiveness for Private Investment in Latin American Infraestructura, World Economic Forum (WEF), 2007.

Cuadro 5.10

En América Latina, países como Chile, Argentina, Panamá, México y Perú se encuentran en los primeros cinco lugares. México se ubicó en el 4º de América Latina con 2.68 de calificación. Seguido por Brasil que ocupa el 6º y Venezuela el 8º.

LA EXPERIENCIA DEL CASO MEXICANO

Con la calificación general de 4.04, México, se ubica en el 5º lugar del IPIAI. Mientras su desempeño en los factores que determinan el ambiente general a la inversión han sido excelentes, sin embargo parece que México se ha ido quedando atrás en cuanto a infraestructura se refiere, que lo ubica en el 8º lugar, por debajo del promedio de la región.

México cuenta con el segundo nivel más bajo de riesgo político (5.50). Y en el ambiente macroeconómico obtuvo 4.59, que lo ubica en el 3º lugar. Asimismo, México es la segunda economía más grande, después de Brasil. La apertura a través del TLCAN, con EEUU y Canadá, asegura el acceso de México al basto mercado global. Así mismo, la economía mexicana presenta un índice de estabilidad macroeconómica muy bueno (5.48) y se posiciona como el 2º lugar después de Chile, gracias a su relativa baja inflación (3.5 por ciento). Su endeudamiento representa 20.5 del PIB y se espera que este último crezca a una tasa anual del 2.7 por ciento para el periodo 2007-2010. El índice del atractivo macroeconómico se ubica en 3.90.

Sin embargo, la limitada disposición de científicos e ingenieros, así como la dificultad de contratar trabajadores extranjeros y la pobre poca calidad en la educación constituyen temas que necesitan corregirse para hacer de México un país más atractivo a los inversionistas.

En cuanto a acceso a la información, México obtuvo un muy buen 4.73 así como el primer lugar en el tema de la continuidad, claridad y previsibilidad en los procesos de privatización. Asimismo el gobierno mexicano obtuvo el 2º lugar en e-gobierno (después de Chile) y también en la apertura hacia los procesos de toma de decisiones, después de Brasil. Sin embargo, México debe trabajar por mejorar el tema de el marco legal, el cual obtuvo sólo 3.34 así como en la ética pública, 3.04, y principalmente en la discusión para la solución de controversias, para lo cual obtuvo 2.99 y es su mayor debilidad institucional.

Fuente: Benchmarking National Attractiveness for Private Investment in Latin American Infraestructure, World Economic Forum (WEF), 2007.

Recuadro 5.1

Aunque México se perfila como uno de los países con mayor estabilidad macroeconomía, no ha crecido como debería y no ha aprovechado sus ventajas comparativas de localización sino al contrario, ha desaprovechado oportunidades, dando ventaja a otras naciones dentro y fuera de la región. El tema de la infraestructura no ha tenido suerte diferente.

De acuerdo a estimaciones del Foro Económico Mundial (WEF), el tema de la infraestructura en México tiene un rendimiento sombrío con excepción del mercado de servicios financieros, que obtuvo 3.58. Sin embargo, el acceso al crédito en México esta entre los mejores de la región Latino América y el Caribe.

Hacia la infraestructura regional en el marco del TLCAN

a. Casos de éxito en el mundo
Unión Europea

La Unión Europea (UE) es uno de los casos con mayor éxito en asuntos de integración regional, su composición de XX países con diferente cultura y tradiciones e inclusive con históricos problemas bélicos y sociales ha venido desarrollando un modelo interesante de integración de la región europea. Actualmente, la UE cuenta con 27 estados miembros: Austria, Bélgica, Bulgaria, Chipre, República Checa, Dinamarca, Estonia, Finlandia, Francia, Alemania, Grecia, Hungría, Irlanda, Italia, Latvia, Lituania, Luxemburgo, Malta, Holanda, Polonia, Portugal, Rumania, Eslovakia, Slovenia, España, Suecia, Reino Unido

Este ejemplo claro de PARTNERSHIP en los ámbitos económico y político tiene como objetivo llevar paz, prosperidad y libertades a sus 495 millones de habitantes. Lo anterior a través de una legislación común donde hay un Parlamento Europeo (representante de los diferentes pueblos europeos), el Concejo de la Unión Europea (representante de los diferentes Gobiernos) y la Comisión Europea (representante de los intereses comunes europeos).

Su conformación es el resultado de un siglo de evolución en las relaciones regionales y de integración socioeconómica y política que han permitido fortalecer el comercio entre sus Estados miembros así como el libre flujo de factores productivos como el laboral. En la siguiente figura se muestra el proceso de consolidación de lo que hoy se conoce como Unión Europea.

Esta gran unión de países se sustenta en tres pilares importantes: la Comunidad Europea (CE), Política Exterior de Seguridad común (CFSP por sus siglas en inglés) y Policía y Cooperación Judicial en Temas Criminales (PJCC por sus siglas en inglés). La Comunidad Europea esta referida a temas de interés económico, educativo, de salud y en general de asuntos migratorios como: unión aduanal, políticas para el agricultura y pesca, competencia económica, política monetaria, ciudadanía, educación y cultura, protección al consumidor, salud, investigación, ley ambiental, políticas sociales y de asilo, inmigración y las conexiones trans-europeas. Por otro lado, la Política Exterior de Seguridad Común (CFSP) se encarga de la política exterior en temas de derechos humanos, democracia, financiamiento del exterior así como en temas de seguridad. Finalmente, el pilar de la Policía y Cooperación Judicial en Temas Criminales es el organismo encargado del tráfico de armas y drogas, terrorismo, tráfico de personas, organizaciones criminales, sobornos y fraudes.

CONFORMACIÓN DE LA UNIÓN EUROPEA

Cuadro 5.11

Para el tema de la integración logística y la infraestructura, la Comunidad Europea en su capitulo de Conexiones Trans-Europeas (TEN por sus siglas en ingles) definido en sus artículos 154-156 en el Tratado de Maastricht en 1992 visualiza el tema de la integración como un modo de reforzar la cohesión económica y social del mercado interno y contar con un libre movimiento de bienes, personas y servicios a través de un moderna y eficiente infraestructura.

Es así que la Comunidad Europea desarrollo, a través de comisiones, lineamientos para cubrir los objetivos, prioridad e identificar los proyectos comunes así como la metodología para medir a los tres principales sectores de la integración regional: Transporte, energía y telecomunicaciones.

INTEGRACIÓN REGIONAL DE LA UNIÓN EUROPEA

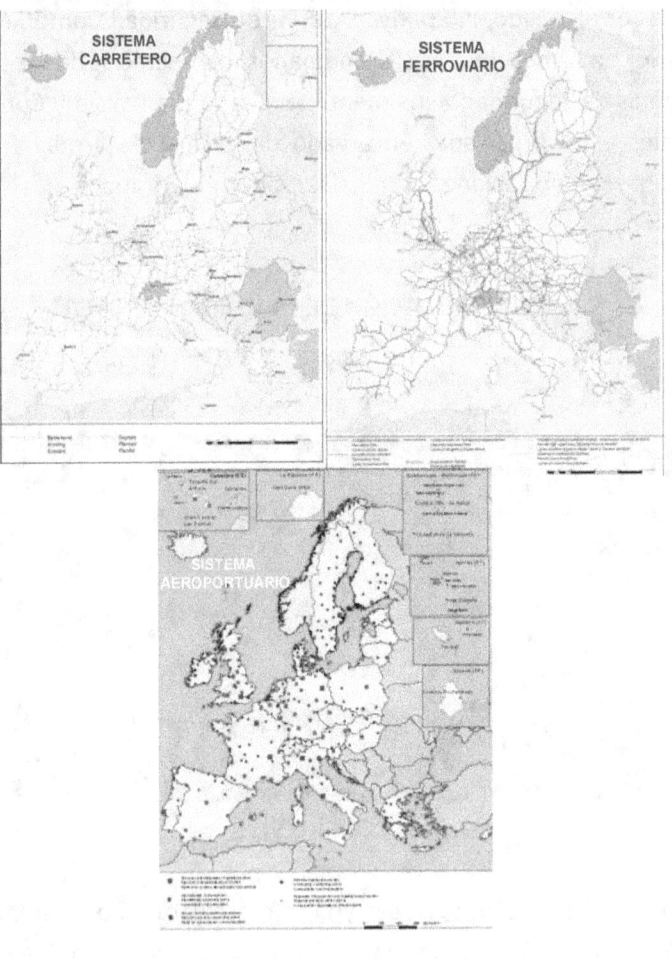

Fuente: www.europa.eu

Mapa 5.2

b. Corredor NASCO y el TLCAN

Objetivos de un Corredor

Partiendo del punto de vista regional, los corredores ha tenido como tema primordial el facilitar e intensificar el intercambio entre los países al interior de la región, en apoyo de la formación de un espacio económico más integrado y asimismo, ampliar la plataforma a partir de la cual ésta se inserta internacionalmente, fortaleciendo los enlaces terrestres entre los principales centros de producción con los puertos del Pacífico y del Atlántico, y al mismo tiempo, abriendo nuevas conexiones hacia los mercados externos.

Desde el punto de vista interno, los países también ven en este plan una forma de impulsar el desarrollo de centros y localidades que se sitúan a lo largo del corredor.

En el funcionamiento de los corredores intervienen:

- Elementos normativos – institucionales, compuestos por disposiciones legales relativas al transporte y tránsito, cuestiones aduaneras, sanitarias, migratorias, entre otras.
- Elementos derivados de las políticas y regímenes aplicables al comercio internacional y a las inversiones en los países participantes.
- Un sistema de transporte internacional sustentado en acuerdos internacionales, normas análogas y prácticas nacionales armonizadas en un conjunto de países.
- Operadores y usuarios que demandan el funcionamiento de estos elementos. Es decir, capital humano que tenga los conocimientos necesarios para operar eficientemente en los servicios modernos que implica el corredor.

Para tener un eficiente corredor logístico. se debe contar – a juicio de los expertos -, con la implementación y un eficiente apoyo logístico como lo son los centros de almacenamiento, totalmente equipados para cubrir la totalidad de los requerimientos de los usuarios, debiendo contar por ejemplo con modernas grúas, montacargas y todo el equipamiento necesario para un ágil proceso de carga y descarga de productos. Al mismo tiempo, los corredores logísticos internacionales deben contar con infraestructura que sopote toda la actividad económica que se puede generar a su alrededor, como centros de aprovisionamiento de combustibles, apoyo al mantenimiento mecánico, hoteles, restaurantes, centros de conferencias, bancos, centros financieros. En este contexto, claramente la estructuración de corredores comerciales en territorio mexicano tiene una importancia prioritaria para posicionarlo competitivamente dentro de los flujos intercontinentales y continentales de comercio.

Integración Regional del Tratado de Libre Comercio de América del Norte

Los corredores logísticos constituyen una nueva dimensión territorial de la globalización y por lo tanto se convierten en unidades territoriales complejas que expresan múltiples procesos concentrados en un territorio que articula una variedad de dinámicas sociales, económicas y políticas que adquieren cierta unidad y se condicionan mutuamente. Surge entonces una nueva dimensión regional y local que identifica en los corredores comerciales y logísticos una estructura organizacional con nodos e interconexiones que adquieren nuevos pesos específicos en lo económico. En estas diversas dimensiones territoriales se desarrollan y reorganizan procesos productivos locales junto a movimientos poblaciones complejos (como redoblamiento, fortalecimiento de ciudades intermedias).

La integración en los grandes bloques comerciales y de rápida circulación de las mercancías y la fuerza de trabajo (como la Comunidad Europea o el MERCOSUR), requiere del funcionamiento eficiente de diversos corredores comerciales y logísticos, no sólo dentro de sus territorios, sino también en ejes claves y estratégicos.

La necesidad de desarrollar conexiones terrestres entre los países que integran el TLCAN ha motivado iniciativas en ámbitos de trabajo multilaterales. En ellos se ha buscado satisfacer la facilitación del tráfico internacional entre los países a través de sus respectivos territorios, y a través de un marco operativo y de normas acorde con esa finalidad.

Para desarrollar un corredor logístico se requiere de una integración donde las partes involucradas buscan un beneficio común; y adquieren un compromiso de continuidad y mejora en los procesos.

Los beneficios están a la vista, las Plataformas Logísticas se encuentran en red, interconectadas y relacionadas entre sí de tal forma que todos operan y manipulan la carga con un criterio común. Por ejemplo Barcelona es una de las Plataformas Logísticas que se ha transformado en uno de los accesos más significativos para la Comunidad, teniendo una infraestructura tanto portuaria, interconexiones carreteras y ferroviarias, todo con enlaces directos a los terminales aéreos, de tal forma que permite una mayor dinámica y con esto un ahorro significativo de tiempo entre operación y operación, lo que sin duda reporta economías importantes y evitando sobrecostos en el manejo de la carga tanto dentro como fuera de las fronteras de la comunidad. En la comunidad europea ya han logrado unificar algo tan complejo como la moneda y el comercio ínter países actúa como una gran nación, sin mayores inconvenientes en el traspaso de fronteras.

Integración regional a través del Corredor Nasco

La Coalición del Súper Corredor de Norteamérica (NASCO, por sus siglas en inglés) es una organización que promueve la unión comercial entre México, Estados Unidos y Canadá; es el brazo logístico del TLCAN y integra empresas transportistas, de logística, puertos interiores y aduanas.

Este súper Corredor Logístico, se extiende a lo largo de México, pasando por Guadalajara, Saltillo, Coah., Monterrey, NL., vinculándose con los puertos de Lázaro Cárdenas, Mich. y Manzanillo, Col., Laredo, San Antonio, Alliance (Texas), Kansas City, hasta terminar en Winnipeg, Canadá y promueve la unión comercial entre los países del TLCAN, creando un mayor flujo de bienes y servicios a lo largo de esta región. El soporte de este objetivo está en las mejoras operacionales, sistemas de comunicaciones y transporte, mejoría de la calidad del capital humano, facilitación del comercio y creación de capacidades, creación de alianzas del sector público y privado, fortalecimiento de la seguridad a través de la innovación tecnológica y la coordinación aduanera.

CORREDOR LOGÍSTICO NASCO

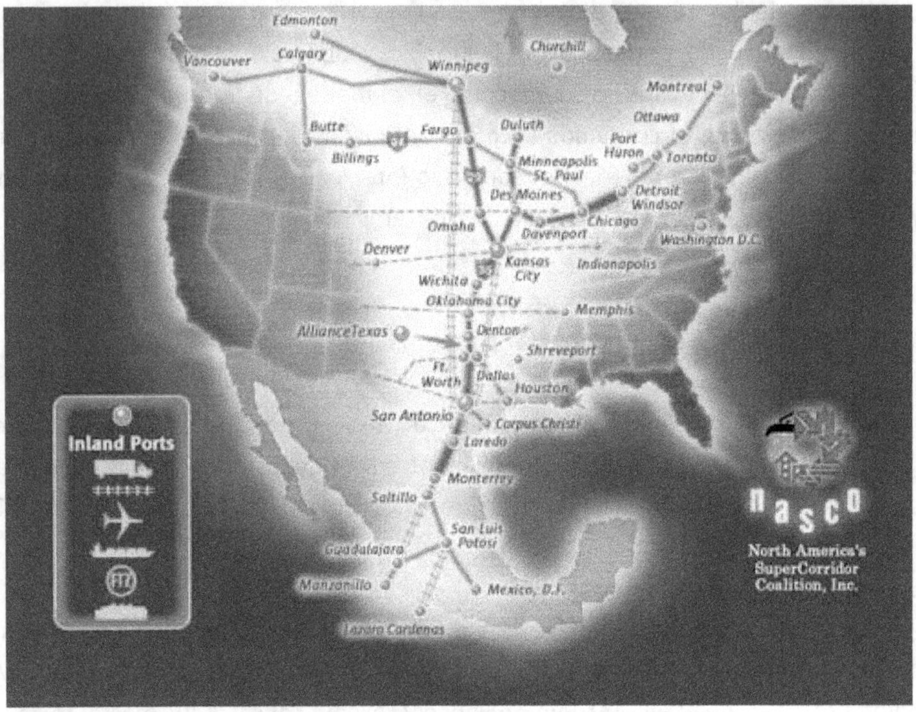

Fuente: www.nascocorridor.com/pages/ports_network/ports_network.htm

Mapa 5.3

La Conferencia NASCO 2006 que se llevó a cabo en Winnipeg, Manitoba, Canadá, reunió a representantes de gobierno y negocios para deliberar la forma de capitalizar el potencial de la conectividad terrestre de cada país. Asimismo, se trataron temas emergentes que afectan el comercio y el transporte internacional, las perspectivas innovadoras e informativas para afrontarlos y proactivar el Corredor Norteamericano del Transporte Internacional, que incluye extensas vías carreteras conectivas, ferrocarriles y terminales inter-modales, aeropuertos, puertos de tierra adentro, y puertos de mar, todas ellas alternativas estratégicas para el flujo del comercio de Norteamérica.

Este corredor logístico permite generar las posibilidades de adquisición de diversas formas y estilos comerciales globales, desarrollo de puertos secos y recintos fiscales, facilitación del comercio y creación de capacidades, alianzas del sector público y privado, fortalecimiento de la seguridad a través de la innovación tecnológica y la coordinación aduanera, entre otros.

Así, el gobierno mexicano negocia con Estados Unidos y Canadá para acelerar la construcción del llamado Trans North America Corridor —también conocido como "TLCAN Superhighway"—, un proyecto que se empezó a vislumbrar hace más de una década y que tomó forma en 2002 durante la creación en Montreal del Foro sobre la Integración Norteamericana (FINA). Entre sus principales objetivos y retos destaca la construcción de cuatro supercarreteras continentales que unirían a los tres países del norte del hemisferio y, eventualmente, hacia el sur hasta Colombia.

Quienes favorecen la integración de los tres países en una sola comunidad económica, comercial y militar similar a la Unión Europea, argumentan que los corredores *"serán indispensables para movilizar el comercio internacional en el hemisferio norte, pues para 2020 las exportaciones de los tres socios norteamericanos en su conjunto y del mundo en general aumentará en un 350 por ciento"*, asegura la NASCO[36].

El Financiamiento del NASCO

De acuerdo a datos de la organización NASCO, en 2005, la inversión en supercarreteras fue cercana a USD$ 75 billones, de los cuales el 45 por ciento (USD$ 33 billones) estuvo financiado por el Presupuesto Federal y el restante 55 por ciento (USD$ 42 billones) por los estados y condados.

Con el objeto de impulsar los trabajos y la consolidación del Corredor Nasco, el gasto público federal deberá incrementarse de USD$ 43 billones en 2009 a USD$ 73 billones en 2015.

---

[36] http://www.milenio.com/index.php/2007/10/15/134583/

Interpuerto Monterrey, Caso de Éxito en México

Los megaproyectos de infraestructura y logística son los que históricamente han impulsado las diferentes regiones en el mundo, casos como el del Canal de Panamá construido en aquel país centroamericano en XXX o el túnel que conecta a Inglaterra con Europa central. Estos han dinamizado enormemente el tráfico de bienes y servicios entre regiones.

En el Siglo XXI, las plataformas logísticas han tomado gran importancia como motores de la logística y la cadena productiva mundial. Plataformas como las de Dallas o Chicago en Estados Unidos y Shangai en China han permitido a esas regiones su mejor inserción a la economía global.

Como caso mexicano, el Estado de Nuevo León representa un interesante concepto de plataforma logística transfronteriza. A diferencia de Estados como San Luis Potosí o Guanajuato, la cercanía de Nuevo León con el mayor consumidor mundial es una gran oportunidad para aprovechar la ubicación geográfica y la concentración de clusters en el estado, que dan, junto con otros factores productivos, una gran ventaja regional y nacional.

El proyecto de Interpuerto Monterrey surge a inicios del siglo XXI como un planteamiento integral que impulsaría la capacidad logística de la región y le daría mayor viabilidad al flujo de mercancías a través del Estado de Nuevo León, además de las mercancías con origen y destino en ese Estado, hermanándolos con su similar en Dallas Texas. Los elementos que se incorporan en Interpuerto Monterrey son los siguientes:

- Parque industrial con una Zona de Libre Comercio
- Parque logístico ferroviario con una Terminal intermodal (con dos opciones concesionadas)
- Hub logístico multimodal, que incorpora aduanas y seguridad in *situ*
- Redes de transporte de última generación, aprovechando la capacidad carretara-ferroviaria con corredores inteligentes y seguros.
- Comercio digital y red de tranporte, utilizando la nueva generación de banda ancha y las TICs[37]

---

[37] Tecnologías de Información y Comunicaciones.

Este proyecto vendría a sumarse a los elementos existentes en el Estado y a un Plan Maestro:

- Cluster norte, incluye
  o Terminal intermodal de libre comercio operada por *Kansas City Southern de México*
  o Parque logístico con vía férrea
  o Zona industrial de libre comercio
  o Área de aduanas y seguridad pre-exportación
  o Área de servicio y soporte
- Cluster sur, incluye
  o Terminal intermodal de libre comercio operada por Ferromex
- Conector carretero seguro entre ambos cluster (norte y sur)
- Corredores útiles, para conectar la región

A continuación se muestran los principales proyectos del Interpuerto Monterrey así como su ubicación. Cabe resaltar que, en su mayoría, ya se cuenta con la infraestructura, como son las vialidades principales, vías del ferrocarril y las áreas intermodales.

INTERPUERTO MONTERREY

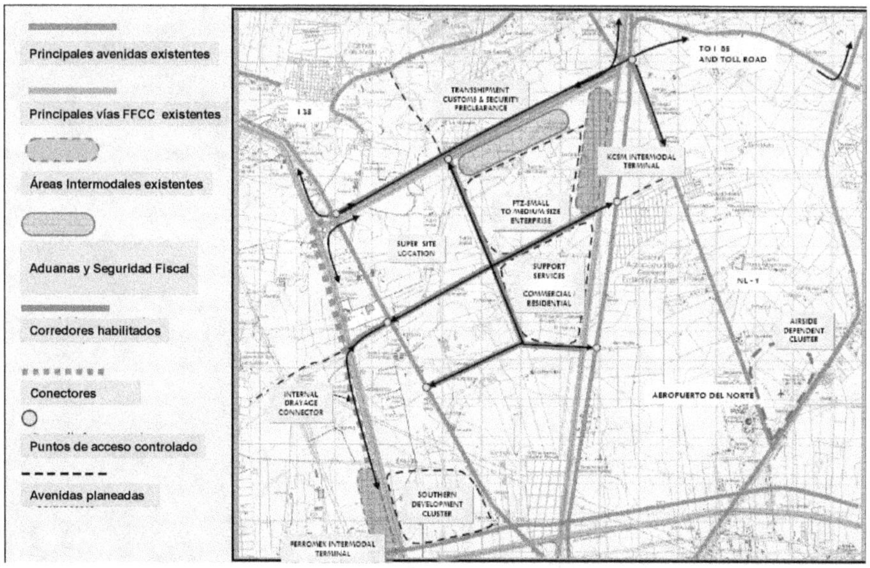

Fuente: Programa INVITE, Gobierno del Estado de Nuevo León.
Mapa 5.4

El proyecto de Interpuerto Monterrey fue firmado por el Gobierno de Nuevo León y Texas, para crear un supercorredor comercial que permita desde trámites aduanales, como despacho y almacén de mercancías. Esto permitirá elevar la competitividad de las actividades económicas a niveles comparables con sus principales socios comerciales. Asimismo, la misión es el garantizar el diseño práctico y eficiencia operativa de Interpuerto Monterrey con un alto desempeño de las contribuciones del valor agregado, costos y tiempos operacionales para el beneficio de las empresas localizados dentro del área de captación, en el centro-occidente del país y para las empresas globales.

El proyecto costaría alrededor $300 millones de dólares y se ubicaría en más de 1,700 hectáreas entre los municipios de Sabinas Hidalgo y Salinas Victoria, colindante con las terminales Intermodales de KCSM y Ferromex, y además con las principales carreteras 1, 85 y 53 (Laredo-Colombia y Piedras Negras respectivamente).

Monterrey, México (21 abril 2008).- Empresarios regiomontanos y el Gobierno estatal proyectan arrancar lo que se pretende sea el puerto interior más grande de América Latina, con una extensión de mil 750 hectáreas, en Salinas Victoria, Nuevo León.

Llamado Interpuerto Monterrey, se pretende que cuente con un Recinto Fiscalizado Estratégico una aduana interior, parques industriales, bodegas y centros de distribución. La reserva de tierras proviene, en su mayoría, de cuatro grandes alianzas empresariales en Por su parte, el Gobierno estatal está encargado de promover el proyecto y de obtener apoyo federal para el desarrollo de la infraestructura necesaria, ya que no destinará recursos propios.

Francisco Javier Alejo López, coordinador ejecutivo del Programa para la Integración del Desarrollo Regional del Noreste y su Vinculación con Texas (Invite), dijo que el Gobierno federal ya comprometió 7 mil millones de pesos para el proyecto.

Para dar seguimiento al proyecto de este complejo logístico, ayer se firmó el decreto con el que se instauró la Comisión Interconstitucional de la Plataforma Logística y el Puerto Interior, Interpuerto Monterrey.

El titular del Invite señaló que la primera fase del proyecto, consistente en la construcción de vialidades interiores, así como en la introducción de electricidad y agua, iniciará en un mes y quedará concluida a fines del 2009.

El proyecto estará localizado cerca del Aeropuerto del Norte, entre los dos grandes ejes ferroviarios, los de Ferromex y Kansas City Southern de México. Para impulsar el nodo logístico, ya está en construcción una nueva carretera Monterrey-Colombia, en la que se invertirán 2 mil millones de pesos.

También forma parte del proyecto la reubicación del patio ferroviario de la compañía Kansas City Southern de México, que se moverá de la avenida Manuel L. Barragán a una zona cercana al Interpuerto. El Interpuerto forma parte del circuito llamado Sistema de Corredor de América del Norte al Área Metropolitana de Monterrey.

Fuente: Diario el Norte, publicada el 21 de abril de 2008

Recuadro 5.2

Construyendo para México la Infraestructura de Clase Mundial y la Ventaja Competitiva Logística (VCL) a partir de la Ventaja Comparativa de Ubicación (VCU) dentro del Tratado de Libre Comercio

b. Hacia una verdadera Política de Competitividad en Infraestructura y Logística

i. Programa Nacional de Infraestructura

¿Qué es el Programa Nacional de Infraestructura (PNI) impulsado por la Administración Calderonista para el periodo 2007-2012? y ¿Qué es lo realmente significativo de su propuesta? El Programa Nacional de Infraestructura parte de los lineamientos rectores del Plan Nacional de Desarrollo de la Administración Federal. Este viene a impulsar uno de los puntos más críticos que mantiene a México en bajos niveles de crecimiento y desarrollo humano, la infraestructura. Esta, con los diversos temas ligados a ella tanto directos como indirectos, es un tema transversal que podría beneficiar los diferentes sectores productivos y a las diversas poblaciones.

El Programa en su conjunto busca integrar las prioridades del Estado junto con las oportunidades de inversión con los empresarios y demás iniciativa privada. Dicta objetivos, metas y acciones que tenderán a impulsar el aumento en la cobertura, calidad y competitividad.

> *"El Programa asume el reto de construir una infraestructura sólida, actualizada y extendida en beneficio de las generaciones de hoy y mañana. Por eso, define acciones con una visión integral y de largo plazo"*

Las acciones federales están retomando la importancia del sector de comunicaciones y transportes y su infraestructura como un verdadero pilar imprescindible en el desarrollo de las diferentes regiones y localidades del país. Ante el carácter sustentable del Programa, se busca consolidar a México en una de las principales plataformas logísticas del mundo, aprovechando las remarcadas ventajas comparativas tanto geográficas como las comerciales. Para ello se busca la modernización de la infraestructura carretera, aeroportuaria, portuaria, energética e hidráulica y su sustentabilidad. Sumado a ello, la promoción de infraestructura turística.

El PNI integra a los sectores de las comunicaciones, transporte, agua y energía bajo el marco de la competitividad logística y de infraestructura. De acuerdo a la Presidencia de la República, el PNI contiene los siguientes elementos:

- Listado de más de 300 proyectos, así como consideraciones respecto a las fuentes de financiamiento, la estrategia sectorial y regional y la prelación de proyectos.
- Actualización permanente de la cartera de proyectos con el objeto de contribuir al cumplimiento de las metas establecidas.
- Presentación de tres escenarios de acuerdo al nivel de reformas estructurales que se realicen: Inercial (sin ninguna reforma), base (sólo con la Reforma Hacendaria) y la sobresaliente (realización de todas las reformas requeridas).

b. Alcances y Metas

El PNI marca como meta global que para 2030 México se ubique en el 20 por ciento de los países mejor evaluados con el Índice de Competitividad de la Infraestructura[38] que elabora el Foro Económico Mundial (WEF por sus siglas en inglés), no sin antes ubicarse entre los líderes de América Latina en cuanto a cobertura y calidad de la infraestructura se refiere en 2012.

Las metas se encuentran divididas en 10 sectores para ir desarrollando cada una de ellas y lograr la competitividad integral. Se planea un crecimiento sostenido en la infraestructura:

- Carretera
- Ferroviaria y Multimodal
- Portuaria
- Aeroportuaria
- Telecomunicaciones
- Agua Potable y Saneamiento

---

[38] Mención del ICI WEF

- Hidroagrícola y de Control de Inundaciones
- Eléctrica
- Producción de Hidrocarburos
- Infraestructura de Refinación, Gas y Petroquímica

Infraestructura Carretera

Se pretende construir o modernizar 17, 598 Km de carreteras y caminos rurales, incluyendo 12,260 Km correspondientes a la terminación de 100 proyectos carreteros completos. Además de incrementar de 72 a 90 por ciento la red carretera federal que opera en buenas condiciones conforme a estándares internacionales y reducir el índice de accidentes de 0.47 a 0.25 por cada millón de vehículos-Kilómetros.

Infraestructura Ferroviaria y Multimodal

La meta es construir durante 2007-2012 un total de 1,418 Km de vías férreas e incrementar el sistema ferroviario de 24 a 40 Km por hora. Asimismo, poner en operación la primera etapa de los sistemas 1, 2 y 3 del tren suburbano de la Zona Metropolitana del Valle de México Igualmente se pretende construir 64 pasos a desnivel y desarrollar 10 nuevos corredores multimodales, incluyendo la construcción de 12 terminales intermodales de carga y el inicio del proyecto Punta Colonet.

Infraestructura Portuaria

El PNI se fija como meta construir 5 puertos nuevos y 13 muelles para cruceros así como ampliar o modernizar otros 22 y . Además de aumentar la capacidad instalada de TEUS de 4 a más de 7 millones. Así como incrementar el rendimiento de las operaciones en terminales especializadas de contenedores de 68 a 75 contenedores hora-buque en operación.

Infraestructura Aeroportuaria

Construir al menos 3 nuevos aeropuertos y ampliar otros 31 y dar solución al crecimiento exponencial que esta teniendo la Zona Metropolitana del Valle de México y el centro del país son temas prioritarios en este rubro.

Infraestructura en Telecomunicaciones

La meta es promover la inversión privada en el sector para alcanzar un monto acumulado equivalente a 25 mil millones de dólares entre 2007-2012- Por otro lado alcanzar una cobertura de teléfonos fijos y móviles de 24 y 78 líneas por cada 100 habitantes así como el uso de Internet a 70 millones de usuarios.

Infraestructura de Agua Potable y Saneamiento

El PNI en materia de agua potable y saneamiento pretende aumentar la cobertura de agua potable a 92 por ciento (97 por ciento en zonas urbanas y 76 en zonas rurales). Asimismo se pretende incrementar la cobertura de alcantarillado a 88 por ciento (96 por ciento en zonas urbanas y 63 en zonas rurales). Finalmente incrementar la cobertura de tratamiento de aguas residuales a por lo menos 60 por ciento de las aguas colectadas.

Infraestructura Hidroagrícola y Control de Inundaciones

Dentro de las metas se busca modernizar y/o tecnificar 1.2 millones de Ha de superficie agrícola de riego asimismo incorporar una superficie de 160 mil Ha nuevas de riego temporal tecnificado. Por otro lado se busca incrementar a 6 millones de hab. y a 150 mil Ha agrícolas la población y áreas productivas.

Infraestructura Eléctrica

Los objetivos en materia eléctrica son incrementar la capacidad efectiva de generación en 9 mil megawatts, lograr que las fuentes renovables representen el 25 por ciento de la capacidad efectiva de generación, poner en operación más de 14 mil kilómetros-circuito de líneas en los diferentes niveles de tensión, incrementar la cobertura nacional del servicio de electricidad hasta alcanzar el97.5 por ciento de la población y ubicar a México dentro del 40 por ciento de los países mejor evaluados de acuerdo al índice de calidad del suministro eléctrico del Foro Económico Mundial.

Infraestructura de Producción de hidrocarburos

El PNI plantea que para la producción de hidrocarburos se alcance una producción superior a los 2.5 millones de barriles diarios de petróleo, mantener la producción de gas natural en alrededor de 5 mil millones de pies cúbicos diarios y elevar la tasa de restitución de reservas de hidrocarburos a 50 por ciento.

Infraestructura de Refinación, Gas y Petroquímica

Se busca realizar las acciones necesarias para incrementar la capacidad de proceso de crudo a por lo menos 1.4 millones de barriles diarios, mantener una relación de importación a venta de gasolina no mayor a 40 por ciento y reducir el contenido de azufre de los combustibles. Además se busca construir con, fondos privados, al menos 800 Km de gasoductos.

ii. Comisión Nacional de Infraestructura

La propuesta de crear una Comisión Nacional de Infraestructura, derivada del Congreso Nacional de Ingeniería Civil, pretende crear una estrategia compartida por la iniciativa privada y los tres niveles de Gobierno. Su objetivo principal es acelerar el desarrollo de la infraestructura nacional, con autonomía de gestión y con una estructura similar a las de las comisiones nacionales del Agua (Conagua) y de la Vivienda (Conavi).

Esta propuesta, impulsada principalmente por el Presidente de Grupo Carso, Carlos Slim, pretende combinar la inversión pública y privada para romper los ciclos presupuestales y la dependencia hacia ellos. A través de ella se busca aprovechar el capital intelectual de los ingenieros retirados e impulsar a las empresas de consultoría, diseño y construcción.

En el encuentro convocado por el Colegio de Ingenieros Civiles de México, Slim consideró que la creación de esa comisión nacional de infraestructura es impostergable, porque sería el instrumento para fortalecer el capital físico del país y el patrimonio nacional con criterios económicos, sociales, financieros y técnicos, que tengan como objetivo el acelerado desarrollo, construcción, planeación y operación de infraestructura, con autonomía de gestión, presupuestos multianuales y con administración profesional técnica y económica.

Señaló que en México hay instituciones que funcionan a pesar de que no tienen autonomía financiera y están sujetas a techos presupuestales. Destacó que para enfrentar rezagos es indispensable que "unidos gobierno e ingeniería mexicana nos organicemos con eficacia, hay que movilizar a los ingenieros retirados, capacitar a las nuevas generaciones en ingeniería sobre la marcha, capitalizar a las empresas de consultoría, diseño y construcción, y combinar inversión pública y privada para acabar con los límites presupuestales públicos y eliminar al financiamiento como freno de la inversión".

En coincidencia con las declaraciones del presidente Felipe Calderón, vertidas un día antes en este mismo foro, el empresario señaló que la infraestructura es uno de los elementos más importantes para el crecimiento económico, el desarrollo y la generación de empleo.

Fuente: 24 Congreso Nacional de Ingeniería Civil, 2007.
Recuadro 5.3

iii. Fondo Nacional de Infraestructura

El Fondo Nacional de Infraestructura nace como un proyecto de la Administración Federal para dar viabilidad a los proyectos más importantes en materia de infraestructura y logística. Este Fondo funcionaría como un centro de evaluación de proyectos, con lo que se establecerían las prioridades de inversión en cuatro grandes áreas:

1. Carreteras, caminos y puentes.

2. Agua, riego, drenaje y saneamiento.

3. Ferrocarriles, puertos, aeropuertos, transporte urbano e interurbano.

4. Proyectos relacionados con el medio ambiente, como manejo de residuos sólidos, gestión de recursos naturales y generación de energía renovable, entre otros.

Entre las ventajas de contar con el Fondo Nacional de Infraestructura planteadas por el Gobierno Federal, se encuentran:

- Impulsar a México como plataforma logística de clase mundial, a través de las metas de:
  - Inversión en el sector energético de más de 500 mil millones de pesos.
  - Inversión en Carreteras, puertos e infraestructura hidráulica de mpas de 64 mil millones de pesos
- Impulsar el Desarrollo Regional y combate a la pobreza
- Inversión en nueva infraestructura
- Alianzas con el sector privado y Gobiernos Estatales y Municipales
- Concentra una plataforma única de actividades y recursos de fideicomisos como el FARAC, Fondo de Inversión en Infraestructura, FINFRA, entre otros.

DECRETO DEL FONDO NACIONAL DE INFRAESTRUCTURA

Artículo primero. Se ordena la creación de un Fideicomiso Público, denominado Fondo Nacional de Infraestructura...

Artículo segundo: Para efecto de dar cumplimiento se ordena al Banco Nacional de Obras y Servicios Públicos, Sociedad Nacional de Crédito, Instituciones de Banca de Desarrollo, ...

Artículo tercero: El Fideicomiso FNI tendrá los siguientes fines:

1. Promover y fomentar la participación de los sectores privado, público y social en el desarrollo de infraestructura y sus servicios públicos....
2. Apoyar al desarrollo de obra pública de infraestructura...
3. Participar con los sectores.....en esquemas de diseño, construcción, financiamiento, operación y transferencia de infraestructura....
4. Participar de la evaluación, estructuración y ejecución de los proyectos de infraestructura,
5. Adquirir, administrar y ceder derechos y obligaciones establecidas en concesiones o permisos,
6. Disponer.....de los activos con los que cuente en su patrimonio,
7. Participar y apoyar en la realización de estudios, proyectos, investigaciones y desarrollo de infraestructura,
8. Suscribir, adquirir y administrar instrumentos financieros asociados a proyectos de infraestructura...

iv. **Administración Aduanal de Clase Mundial**
   a. **Sistema Nacional de Aduanas (Organismo desconcentrado de la SHCP)**

En México se ha venido trabajando con organismos descentralizados o desconcentrados de la administración pública, con el objeto de dar puntual seguimiento a las políticas en la materia. La Secretaria de Hacienda y Crédito Público cuenta, entre otros organismos, con el Servicio de Administración Tributaria. Este es un órgano desconcentrado de la Secretaría que tiene la responsabilidad de aplicar la legislación fiscal y aduanera, con el fin de que las personas físicas y morales contribuyan proporcional y equitativamente al gasto público; de fiscalizar a los contribuyentes para que cumplan con las disposiciones tributarias y aduaneras; de facilitar e incentivar el cumplimiento voluntario, y de generar y proporcionar la información necesaria para el diseño y la evaluación de la política tributaria. Además, su misión consiste en recaudar las contribuciones federales y controlar la entrada y salida de mercancías del territorio nacional, garantizando la correcta aplicación de la legislación y promoviendo el cumplimiento voluntario y oportuno.

Sin embargo, el tema aduanero todavía se encuentra insertado de manera centralizada en el Servicio de Administración Tributaria. Esta Administración General de Aduanas tiene como función principal la de fiscalizar, vigilar y controlar la entrada y salida de mercancías, así como los medios en que son transportadas, asegurando el cumplimiento de las disposiciones que en materia de comercio exterior haya expedido la Secretaría de Hacienda y Crédito Público, así como otras secretarías del Ejecutivo Federal con competencia para ello; ayudar a garantizar la seguridad nacional; proteger la economía del país, la salud pública y el medio ambiente, impidiendo el flujo de mercancías peligrosas o ilegales hacia nuestro territorio, además de fomentar el cumplimiento voluntario de esas disposiciones por parte de los usuarios.

Lo anterior ocasiona, que las actividades de la Administración General de Aduanas sean meramente fiscalizadoras, sin dejar lugar al nuevo paradigma de las aduanas a nivel mundial: el negocio internacional. Es decir, que además de contribuir a la observancia de la ley aduanera y fiscal, se impulse más el flujo de mercancías y así dinamizar las diferentes regiones. Sin pretender en ningún momento que se controle el comercio internacional entre países.

Es así que, se propone la creación del Sistema General de Aduanas, como un organismo desconcentrado de la SHCP y que tenga como fin el implantar un modelo de negocios en las puertas internacionales del país, así como consolide proyectos en marcha como el de Aduana Modelo, los Recintos Fiscalizados Estratégicos, y otros proyectos que van en sentido de la hipercompetencia global, pero que necesitan de una mayor visión de negocios.

v. De los Recintos Fiscalizados Estratégicos (RFE) a las Zonas Francas (ZF)

En este nuevo siglo dominado por la hipercomentencia global y la globalización, en la que se compite cada vez más por atraer inversiones que permitan impulsar y facilitar el comercio exterior, la Secretaría de Hacienda y Crédito Público (SHCP) emitió la regulación para crear un nuevo régimen orientado al comercio exterior, esta nueva figura es la del Recinto Fiscalizado Estratégico. Así, desde su nacimiento en el año 2002, fue creada con la intención de que fuera una herramienta para la competitividad y la promoción del impulso económico a través del otorgamiento de diversas prerrogativas fiscales. Promisoria de grandes ventajas, tanto fiscales como administrativas y aduanales, el Régimen de Recintos Fiscalizados Estratégicos (RFE), se creó con el objetivo de ocupar el lugar que en otros países representan las Zonas Libres Económicas o Zonas Francas como son mejor conocidas.

No obstante, en el actual esquema mundial de competitividad de las empresas, fuertemente influenciado por la globalización y eliminación de las barreras físicas y comerciales entre las naciones, la logística está tomando una relevancia y un carácter distinto por la cual tradicionalmente se la entendía. Hoy en día, la logística debe extenderse, adaptarse, asociarse, y optimizar todas las etapas de la cadena de valor que va desde la innovación hasta el marketing. Así mismo, las empresas, en el actual marco de competitividad, requieren dedicar un lugar especial a la logística como un factor diferenciador en términos de costos y servicios para el cliente y por lo tanto para la rentabilidad de la empresa.

Estos mecanismos de promoción tienen diversos nombres, pero en general caben dentro del concepto de zona franca y se han convertido en una de las herramientas más utilizadas para potenciar el desarrollo nacional. Las zonas francas se crearon como un régimen de excepción transitorio, el cual permite que a un área geográfica se le otorguen facilidades especiales en comparación con el resto de la economía nacional durante un período determinado, otorgando incentivos a la inversión y exportación.

En los países de América Latina el régimen de zonas francas de exportación se creó con la finalidad de promover su inserción en la economía internacional, combatiendo el sesgo antiexportador. Así, se han convertido en uno de los instrumentos más usados para promover la diversificación de las exportaciones, atraer inversión extranjera directa y generar empleos, sin ser un mecanismo de evasión de las normas laborales.

Sin embargo, es importante tomar en cuenta que existen diversos tipos de zonas francas o zonas libres, ya que sus características y enfoques los determinan las economías nacionales. Sin embargo, comparten el hecho de ser zonas geográficas determinadas que se consideran fuera del territorio aduanero por lo que permiten la importación y exportación de mercancías de forma libre, sin la aplicación de aranceles y otros derechos, facilitando los trámites aduanales.

Los objetivos de estas zonas son disminuir costos de la inversión extranjera en proyectos, producción de bienes y servicios, logística; facilitar operaciones complejas (puertos, aeropuertos, ferrocarriles transcontinentales), evitar pagar impuestos sobre mermas en procedimientos industriales (refinerías, joyerías) y brindar servicios comunes, a fin de impulsar la instalación de empresas y contribuir a que cuenten con un entono favorable para el comercio exterior.

Estas zonas han evolucionado de procesos de ensamble hasta procesos de alto contenido tecnológico y científico, zonas financieras, centros logísticos y complejos turísticos.

RECINTO FISCALIZADO DE COLOMBIA, NL

El Estado de Nuevo León cuenta con un único cruce fronterizo llamado Colombia, ubicado en el municipio de Anáhuac, y que representa un flujo natural de la dinámica económica estatal y regional. En él se encuentra el Centro de Facilidades al Comercio Internacional. La importancia del Centro radica en su dinamismo para impulsar el comercio internacional entre sus usuarios actuales y potenciales. Para ello cuenta con la infraestructura necesaria para fomentar el cruce de personas y mercancías de y para EE.UU Sus servicios actuales son:

- Delimitación del Recinto Fiscalizado Estratégico (Manzanas 23, 24 y 25).
- Servicios de Aduana.
- Patio de Exportación Segura (inicio de operaciones diciembre 2007).
- Carril Fast y Express para empresas certificadas (inicio de operaciones 2007).
- Servicios básicos.

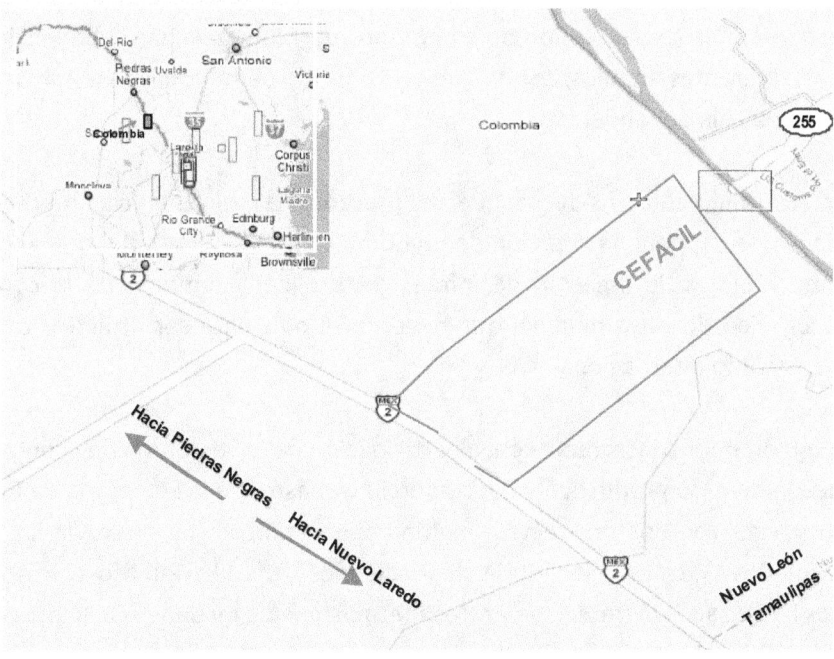

Fuente: Elaborado por CECIC.

Recuadro 5.4

vi. Comisión Intersecretarial para la Competitividad del Sector Logístico en México (SE, SHCP y SCT)

Si bien es cierto que las políticas públicas y las acciones empresariales están encaminadas a impulsar la infraestructura del país, vista como un motor natural del desarrollo económico de las diferentes regiones y del desarrollo humano integral; también es cierto que, no existe una real coordinación de políticas y acciones conjuntas que fortalezcan el esfuerzo de todos los agentes económicos y que integren los proyectos prioritarios.

Es así que este libro busca, además de brindar los elementos necesarios para formar un criterio hacia donde va el sector logístico y de infraestructura ante el Tratado de Libre Comercio, plantear elementos indispensables para mejorar la competitividad del sector y con ello la conectividad de las diferentes regiones y sus actividades productivas.

¿Qué hace una comisión intersecretarial? Ante el gran número de variables que influyen en programas y proyectos y que determinan la mejor toma de decisión por parte del sector gubernamental, la conformación de comisiones permiten evaluar el beneficio de proyectos desde los diferentes ángulos, con lo que su beneficio se multiplica en mayor medida que si lo realiza una sola dependencia.

Es por ello que, ante los retos que se presenta la competencia internacional por las inversiones, se propone la creación de una Comisión Intersecretarial que aborde, desde los diferentes ángulos, la creación de infraestructura pero también de la consolidación del capital logístico de clase mundial que necesita el país para ser atractivo tanto a capitales nacionales como internacionales.

Esta comisión podría integrarse con la participación de la Secretaria de Economía, encargada del eslabonamiento productivo y del comercio y abasto; de la Secretaria de Comunicaciones y Transporte, con los proyectos multimodales, carreteros, ferroviarios, portuarios y aeroportuarios; y con la Secretaria de Haciendo y Crédito Público con el impulso a los Recintos Fiscalizados Estratégicos y otros mecanismos de incentivos a la inversión.

Aunado a estas dependencias del poder ejecutivo, se podrían sumar como Consejo Consultivo organismos internacionales (Banco Mundial, Banco Interamericano de Desarrollo y otros bancos internacionales), organismos nacionales (Banobras, Ingenieros Civiles,) y representantes de las principales organizaciones del país (Caintra, Concanaco, CCE, otros)

ESTRUCTURA DE LA COMISIÓN INTERSECRETARIAL

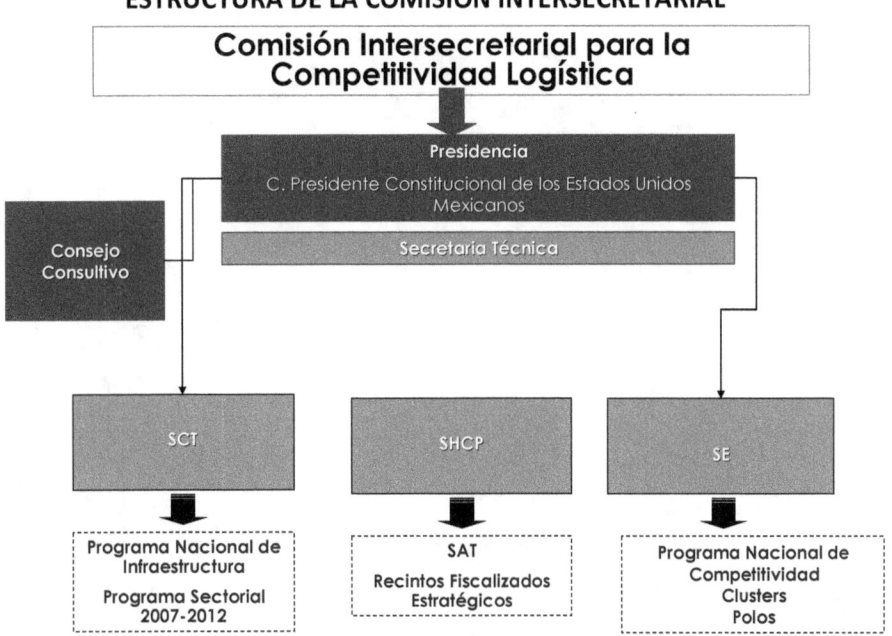

Fuente: Elaborado por CECIC.

Figura 5.1

Asimismo, dentro de los objetivos de la comisión estarían:

- Consolidar la participación de los diferentes agentes económicos, tanto del sector privado como del gubernamental.
- Apoyar los proyectos prioritarios y su financiamiento.
- Evaluar los proyectos de infraestructura y logístico desde el punto de vista económico, social, técnico y hacendario.
- Evaluar el impacto económico de los proyectos en el desarrollo de cadenas productivas, clusters y polos.
- Hacer cumplir las disposiciones en materia fiscal.

- Fomentar, de manera intergrada, los elementos necesarios para alcanzar el objetivo de convertir al país en una plataforma logística.